小学校・音楽科

新学習指導要領
ガイドブック

佐野 靖 編著

教育芸術社

学び手としての教師 〜編纂に当たって

　平成 28 年 12 月 21 日の中央教育審議会の答申を受けて，平成 29 年
3 月 31 日，新しい学習指導要領が公示されました。昭和 22 年（1947
年）の学習指導要領の公表から数えて，今回の平成 29 年版は第 9 次の
学習指導要領ということになります。

　新しい学習指導要領は，これまで以上に，学習者である「子供の視点」
に立って書かれています。「何ができるようになるか」（目標・学力），「何
を学ぶか」（内容），「どのように学ぶか」（方法）という構造が明確に示
されているため，たいへん分かりやすくなりました。記述の量が増えた
ため，指導内容が大幅に増えたかのような印象をもつ先生方がいらっ
しゃるかもしれませんが，その心配には及びません。新たなキーワード
もいくつか現れていますが，現在の先生方の実践に照らしてみれば，まっ
たくの新しいものではないはずです。

　ただ，あらためて用語として提示されることによって，模索や研究が
盛んになります。ほぼ 10 年ごとの学習指導要領の改訂は，次の 10 年
に向かって，授業実践や学校・学級の経営の在り方を徹底的にチェック
し，反省的に振り返る絶好の契機となります。そして，大切なことは，
新しい指導法ばかりを求めるのではなく，教師自らが子供の立場に立っ
て，キーワードとなる学びを体験したり実感したりすることではないで
しょうか。

　例えば，音楽科において「主体的・対話的で深い学び」を体験してみ
れば，「主体的」から「深い学び」に向けて，必ずしも順序通りに進ん

でいかない「面白さ」が音楽科の学びにはあることが分かります。様々な対話から主体性が生まれる場合もあれば，深い学びを垣間見ることで学びへの意欲が高まることもあります。そして，一口に対話と言っても，教師と子供の対話，子供同士の対話，音や音楽との対話，子供一人一人の内面との対話など様々なレベルの対話が実感できるはずです。

　また，「各教科等の特質に応じた『見方・考え方』」を手がかりに，教科の存在意義や在り方を探究することが求められますが，各教科等で，それぞれの意義を考えたり，在り方を模索したりすることはすでに行われています。これからは，それらに子供が気付き，子供なりの「見方・考え方」を育んでいくよう指導することが求められます。そのためには，やはり教師一人一人が学び手となって，それらを再確認し，実感していくプロセスが重要になると考えます。

　音楽科において，「音楽を楽しむ子供」を育て，子供が無限の可能性を自ら拓くための「呼び水」の役割を教師が果たしていくには，教師自らが音楽を楽しむ意味やそのよさを実感する必要があります。

　先生方のそうした「学び」に，本書が少しでもお役に立てれば幸いに存じます。

平成 29 年 12 月

佐野　靖

目次

CHAPTER 1 今回の改訂は何がポイント？

総論 **8**
- ●「不易」と「流行」 8
- ● 常に「子供の視点」に立つ 9
- ●「資質・能力の三つの柱」に基づいて 9
- ● 各教科等の特質に応じた「見方・考え方」 10
- ● 生活や社会とのつながりを大切に 11

❶ 教科の目標と「見方・考え方」について **12**

❷「生活や社会の中の音や音楽と豊かに関わる資質・能力」の育成 ... **16**
- (1)「知識及び技能」の習得 16
- (2)「思考力，判断力，表現力等」の育成 17
- (3)「学びに向かう力，人間性等」の涵養 18

❸ 学年の目標について **20**

❹ 内容の示し方の改善 **21**

CHAPTER 2 今回の改訂で新たに加えられたことは？

総論 **24**

❶ 我が国や郷土の音楽の指導に当たっての配慮事項 **26**

❷ 中学年における「和楽器」の取扱い **28**

❸ 知的財産の保護と活用に関する配慮事項 **30**

❹ プログラミング学習 **32**

CHAPTER 3 ここが重要！ 学習指導改善のエッセンス

総論 **36**
- ●「何ができるようになるか」という視点 36
- ●「主体的・対話的で深い学び」という視点 36
- ● カリキュラム・マネジメントについて 37

❶ 何ができるようになるか **38**
- (1) 資質・能力の三つの柱 38
- (2) 生きて働く「知識及び技能」の習得 38

（3）未知の状況にも対応できる「思考力，判断力，表現力等」の育成 ………… 39
　　　（4）学びを人生や社会に生かそうとする「学びに向かう力，人間性等」の涵養 …… 39
　　　（5）各領域分野における事例 ………………………………………………………… 40

❷ 主体的・対話的で深い学び …………………………………………………… **46**
　　　（1）「主体的・対話的で深い学び」がもつ意義 …………………………………… 46
　　　（2）「題材」に見る「学び」へのヒント ……………………………………………… 46
　　　（3）題材と題材をつなぐ「学び」へのヒント ……………………………………… 48
　　　（4）言語活動の質を向上させるヒント ……………………………………………… 49
　　　（5）子供同士の「協働」を高めるヒント …………………………………………… 50
　　　（6）体の動きを伴った鑑賞の活動へのヒント ……………………………………… 51
　　　（7）表現と鑑賞を関連付けて学びを深めるヒント ……………………………… 53
　　　（8）作詞者・作曲者・演奏者の工夫とは〜「学び」へのヒント ………………… 54

❸ カリキュラム・マネジメント ………………………………………………… **56**
　　　（1）カリキュラム・マネジメントは改訂のキーワード ………………………… 56
　　　（2）カリキュラム・マネジメントの充実 ………………………………………… 57
　　　（3）総則をよりどころにしたカリキュラム・マネジメントの推進 …………… 60

CHAPTER **4** 従来の学習指導の発展として

総論 ……………………………………………………………………………………… **66**
　　● 教育の営みは本来不易なもの …………………………………………………… 66
　　●「学習指導要領」の改訂とは ……………………………………………………… 67

❶ 学習指導要領の歴史に学ぶ …………………………………………………… **69**
　　　（1）産声を上げた「学習指導要領」 ………………………………………………… 69
　　　（2）緩やかに脱皮を繰り返す「学習指導要領」 ………………………………… 70
　　　（3）過去と未来をつなぐ「学習指導要領」 ………………………………………… 74

❷ 成果の上がっているものは大切に …………………………………………… **76**
　　●音楽科教育としての全体像を保持 ……………………………………………… 76

❸〈これまで〉を〈これから〉につなぐ ……………………………………… **78**

資料

小学校学習指導要領　第1章　総則 …………………………………………………… 82
小学校学習指導要領　第2章　第6節　音楽 ……………………………………… 96
中学校学習指導要領　第2章　第5節　音楽 ………………………………………111

CHAPTER 1

今回の改訂は何がポイント？

- 総論 …………………………………………………… 8
- ❶ 教科の目標と「見方・考え方」について ………… 12
- ❷ 「生活や社会の中の音や音楽と豊かに関わる資質・能力」の育成 …………………………… 16
- ❸ 学年の目標について ………………………………… 20
- ❹ 内容の示し方の改善 ………………………………… 21

CHAPTER 1

総論

●「不易」と「流行」

　平成 29 年度 3 月 31 日に公示された新学習指導要領は，小学校では，2020 年度より完全実施となります。これからの移行期にあっては，いろいろな研究会や研修会，さらには授業研究等のレベルで，新学習指導要領の理解を深め，その趣旨や内容に即した指導法を探究すべく，様々な取組が展開されることは間違いありません。

　そうした取組に向けて，踏まえなければならないことは，学習指導要領が常に「不易」と「流行」を十分に見極めつつ改訂されてきている，という点です。平成 28 年 12 月 21 日，中央教育審議会から示された「幼稚園，小学校，中学校，高等学校及び特別支援学校の学習指導要領等の改善及び必要な方策等について（答申）」（以下「答申」という）では，「時代の変化という『流行』の中で未来を切り拓いていくための力の基盤は，学校教育における『不易』たるものの中で育まれると言えよう」と明記されています。すなわち，これまでの「生きる力」の育成が方向転換されるわけではありません。変化が激しく将来の予測が困難な時代だからこそ，学校教育で目指してきた「生きる力」を社会の文脈の中で捉え直し，しっかりと発揮できるようにすることが求められているのです。

　ここでは，これまでの学校教育，現行の学習指導要領で大切にされてきた方向性や内容は継続されるという点を踏まえた上で，今回の改訂において特筆すべき点を四つ取り上げることにします。

● 常に「子供の視点」に立つ

　その第一は，改訂の経緯から新学習指導要領の内容や書きぶりに至るまで，学習者である子供の視点に立つことが徹底されている点です。

　従来より，学習者である子供の視点に立つ指導の重要性は，様々なレベルで強調されてきました。とりわけ授業研究においては，基本中の基本といっても過言ではないでしょう。しかし，今回の改訂で，「何ができるようになるか」「何を学ぶか」「どのように学ぶか」という子供の視点に立った記述，言い換えれば，子供を主語にした記述が徹底されたことによって，指導する教師の意識や授業実践の在り方がこれまで以上に大きく変わることが期待されます。

● 「資質・能力の三つの柱」に基づいて

　答申では，学習指導要領や教育課程に期待される役割が明確に述べられています。すなわち，学習指導要領には，生涯にわたる学習とのつながりを見通しながら，学校教育において子供たちが身に付ける資質・能力や学ぶ内容など，その全体像を分かりやすく見渡せるように，**「学びの地図」**としての役割が期待されています。ここには，上述の「子供の視点」に立つことが顕著に表れています。また，学校教育の中核となる教育課程には，社会の変化を柔軟に受け止めていく**「社会に開かれた教育課程」**としての役割が期待されています。

　その上で答申では，子供たちに新しい時代を切り拓いていくために必要な資質・能力を育むために，学習指導要領等の改善の方向性として，(1) 学習指導要領等の枠組みの見直し，(2) 教育課程を軸に学校教育の改善・充実の好循環を生み出す「カリキュラム・マネジメント」の実現，(3)「主体的・対話的で深い学び」の実現，という３点にわたる改善・充実が必要であると述べられています。

　こうした改善の方向において，教育課程全体を通して育成を目指す資

質・能力が，「知識及び技能」，「思考力，判断力，表現力等」，「学びに向かう力，人間性等」という三つの柱によって整理されました。

これらは，答申では，「何を理解しているか，何ができるか（生きて働く「知識・技能」の習得）」，「理解していること・できることをどう使うか（未知の状況にも対応できる「思考力・判断力・表現力等」の育成）」，「どのように社会・世界と関わり，よりよい人生を送るか（学びを人生や社会に生かそうとする「学びに向かう力・人間性等」の涵養）」，として提示されたものです。

新学習指導要領では，この三つの柱に基づいて枠組みが見直され，各教科等の目標や内容について再整理が図られました。音楽科にとっては，三つの柱が明確化されたことによって，これまで曖昧にされてきた「知識」が明確になりました。ただし，三つの柱は個別的に育成されるものではなく，相互に関係し合いながら育成されるべきものであることを忘れてはなりません。また，指導事項が資質・能力別に細分化されて示された結果，記述の分量は確かに増えましたが，指導内容が大幅に増えたという指摘は当たらないと考えます。

● 各教科等の特質に応じた「見方・考え方」

今回の改訂では，各教科等をなぜ学ぶのか，それを通じてどのような力が身に付くのかという，**教科等を学ぶ意義を明確にすること**が求められています。その中核をなすのが，**「見方・考え方」**です。

子供たちは，「各教科等の特質に応じた，物事を捉える視点や考え方」である「見方・考え方」を習得・活用・探究という学びの過程において鍛えていく必要があります。この「見方・考え方」を支えるのが，資質・能力の三つの柱です。「見方・考え方」は，教科等の本質に根ざした学びにつながるものであり，生涯にわたって生きて働く力となるものです。

資質・能力の三つの柱に支えられて「見方・考え方」が育まれ，「見方・考え方」を働かせた学びによって各領域・分野の学習が深まり，資質・

能力がより一層伸びていくことが期待されています。その重要な手立てとなるのが，**「主体的・対話的で深い学び」**であり，そうした学びの実現に向けては，**各教科等の特質に応じた言語活動**の充実が不可欠です。

「見方・考え方」をどのように育み，働かせていくのかが，これからの学校教育の重要な鍵であり，「見方・考え方」は，教育の質の改善・向上を支える役割を担うものとして授業改善の重要な視点となっています。

● 生活や社会とのつながりを大切に

生活や社会とのつながりが強調されている点も，今回の改訂の大きな特徴といえるでしょう。これは「社会に開かれた教育課程」という位置付けからも明らかですし，学校教育を超えて生涯にわたって生きて働く力となる「見方・考え方」の育成とも密接に結び付いています。

音楽科においても，「生活や社会の中の音や音楽と豊かに関わる資質・能力」の育成が目標として目指されることになり，子供が教科として音楽を学ぶ意味が明確になったと思います。また，内容の取扱いと指導上の配慮事項では，「学校外における音楽活動とのつながりを意識できるようにするなど，児童や学校，地域の実態に応じ，生活や社会の中の音や音楽と主体的に関わっていくことができるよう配慮すること」が求められています。我が国や郷土の音楽の学習を一層充実させる方向も，生活や社会とのつながりに深く関わっています。

今回の改訂の重要な方向性である「カリキュラム・マネジメント」の実現に向けて，生活や社会とのつながりは欠くことのできない視点となっています。社会に開かれた教育課程の中で子供が様々な経験をし，そうした経験を通して教科等で身に付けた資質・能力が更新されていくようにするには，何よりも教師自身が音楽科の存在意義を理解し，生活や社会とのつながりの重要性を自覚する必要があると考えます。

教科の目標と「見方・考え方」について

これまで一文で示されていた音楽科の目標は，「知識及び技能」，「思考力，判断力，表現力等」，「学びに向かう力，人間性等」という育成すべき資質・能力の三つの柱に沿って整理され，下記のように改訂されました。

表現及び鑑賞の活動を通して，音楽的な見方・考え方を働かせ，生活や社会の中の音や音楽と豊かに関わる資質・能力を次のとおり育成することを目指す。

(1) 曲想と音楽の構造などとの関わりについて理解するとともに，表したい音楽表現をするために必要な技能を身に付けるようにする。

(2) 音楽表現を工夫することや，音楽を味わって聴くことができるようにする。

(3) 音楽活動の楽しさを体験することを通して，音楽を愛好する心情と音楽に対する感性を育むとともに，音楽に親しむ態度を養い，豊かな情操を培う。

まず，目標のリード文において，音楽科で育成を目指す資質・能力が，「生活や社会の中の音や音楽と豊かに関わる資質・能力」であることが明示されました。そうした資質・能力の育成を目指すために，(1)「知

識及び技能」の習得に関する目標，（2）「思考力，判断力，表現力等」の育成に関する目標，（3）「学びに向かう力，人間性等」の涵養に関する目標という，三つの柱に沿った目標が示されました。このような目標を実現していくためには，子供が様々な音楽活動を通して，「音楽的な見方・考え方」を働かせることが重要となります。

　音楽科における改訂の大きな特徴の一つは，「生活や社会の中の音や音楽と豊かに関わる資質・能力」がこれまで以上に大切にされていることです。こうした資質・能力を育成していくためには，生活や社会の中で音や音楽がどう役立ち，生かされているのか，自分の学んだことがどう生活や社会の中の音や音楽とつながっているのかなど，生活や社会の中の働きという視点から，子供自身が音楽科での学びを捉えていくことができるような指導が求められます。

　子供が音や音楽と生活や社会との関わりなどについて考えたり，実感したりするような学びを実現するためには，生活や社会に役立っていると子供が感じ取りやすい教材を選択・活用したり，音楽活動が直接生活や社会に役立っているような活動を取り上げたりする工夫が大切となります。そのためにも，教師自らが，生活や社会の中の音や音楽と豊かに関わることを通して，音楽活動の社会的な意味を理解し，音楽科の存在意義を自覚していくことが重要ではないでしょうか。

　さて，目指すべき資質・能力の育成に深く関わる小学校音楽科の「見方・考え方」について，答申では，次のように整理されています。

　「音楽に対する感性を働かせ，音や音楽を，音楽を形づくっている要素とその働きの視点で捉え，自己のイメージや感情，生活や文化などと関連付けること」（答申，p.162）

　ここでは，芸術系教科・科目の「見方・考え方」の特徴として，「知性と感性の両方を働かせて対象や事象を捉えること」が挙げられ，「身

体を通して，知性と感性を融合させながら捉えていくこと」が，他教科等以上に芸術系教科・科目の学びに期待されています。さらに，表現及び鑑賞に共通して働く資質・能力である〔共通事項〕との深い関わりも指摘されています。

　「音楽的な見方・考え方」という文言は，新しく目標文に加えられたものですが，これまでの音楽科においても，「音楽に対する感性」は，音楽活動の根幹に関わるものとして位置付けられてきました。すなわち，「音楽に対する感性を働かせ，音や音楽を，音楽を形づくっている要素とその働きの視点で捉え」とは，これまでと同様，音楽の様々な特性に対する感受性，音や音楽の美しさなどを感じ取る心の働きを中核とし，音や音楽を〔共通事項〕の視点で捉える学習を継承し，発展させていくことにほかなりません。そして，音楽を形づくっている要素とその働きの視点で捉えたものと自分なりのイメージや感情，さらには，身の回りの生活や文化などと関連付けていくことが，「音楽的な見方・考え方」では求められています。

　「音楽的な見方・考え方」は，資質・能力の三つの柱によって支えられるものであり，音楽科で身に付けた三つの柱が活用・発揮される学びの中で鍛えられていくものです。また，「音楽的な見方・考え方」は，資質・能力の三つの柱を関連付け，結び付ける役割も果たします。さらに，「音楽的な見方・考え方」を働かせた学習を積み重ねることによって，音楽科ならではの深い学びが実現し，子供は生涯にわたって音楽と豊かに関わっていくことができるようになるでしょう。

　　生涯にわたって生きて働く力となる「音楽的な見方・考え方」は，生涯学習という視点に立てば，極めて重要な鍵となるものです。

　　ただし，「音楽的な見方・考え方」を四つめの資質・能力と捉えることは避けなければなりません。

　　言うまでもなく，授業の主役は子供であり，「音楽的な見方・考え方」を働かせる主体も子供ですが，様々な工夫を通じて，「音楽的な見方・考え方」が働くように導いていくのは教師であることを肝に銘じる必要

があります。どのような教材と出会わせ、どのように学習の方法や形態を工夫し、「音楽的な見方・考え方」を鍛えていくのか。教師の力量や専門性が問われるところです。

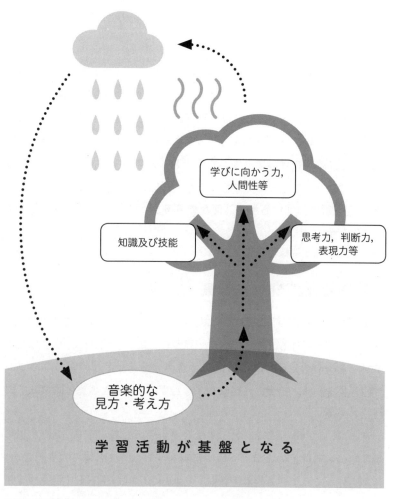

▲「音楽的な見方・考え方」のイメージ図

② 「生活や社会の中の音や音楽と豊かに関わる資質・能力」の育成

　前述のように，音楽科で育成を目指す「生活や社会の中の音や音楽と豊かに関わる資質・能力」は，(1)(2)(3) の視点から育成されることになります。これら三つの柱は，相互に密接に関連し合うもので，別々に分けて育成したり，順序性をもって育成したりするものではありません。また，本章の冒頭でも述べたように，新学習指導要領は，「子供の視点」に立った記述で統一されており，目標文においても，子供が主語で，「何を理解しているか」，「何ができるようになるか」という書きぶりが際立っています。

(1)「知識及び技能」の習得

　育成を目指す資質・能力が三つの柱によって整理されることにより，音楽科で求められる「生きて働く知識及び技能」が明確になりました。まず，音楽科の目標 (1) の「曲想と音楽の構造などとの関わりについて理解する」は，知識の習得に関する目標で，表現と鑑賞の両領域に関わるものです。

　音楽科における「知識」としては，曲名や作者名，音符，休符，記号や用語の名称などのように，音や音楽を伴わなくても得られる知識や，音楽を形づくっている要素の特徴やそれらの働きが生み出す特質や雰囲気などのように，知覚・感受を伴うことによって得られる知識などが考えられます。さらに，音楽科において一層重要となる知識は，これらを

組み合わせたり，自分のイメージなどと関連付けたりしながら，知覚・感受を支えとした音楽活動を通して得られる知識です。こうして実感を伴いながら理解された知識は，表現や鑑賞の活動に生きて働きます。

例えば，同じ「フォルテf」（＝強く）や「クレシェンド⬛」（＝だんだん強く）でも，曲想とそれぞれの要素の表れ方，自分自身のイメージなどと関連付けながら，どのようなフォルテ，クレシェンドがそこでは求められているのかを，実際に音楽を聴いたり演奏したりすることを通して，実感しながら理解していくことが大切です。

一方，音楽科の目標 (1) の「表したい音楽表現をするために必要な技能を身に付ける」は，表現のみに該当するもので，「思考力，判断力，表現力等」の育成と関わらせて習得させることが求められています。「生きて働く技能」の習得は，表現の思いや意図，創意工夫と深く結び付いているとともに，「生きて働く知識」とも密接に関連しています。

(2)「思考力，判断力，表現力等」の育成

「音楽表現を工夫すること」は，表現領域に関わる目標で，ここではまず，どのように表現するかについて思いや意図をもつことが大切となります。ただ，どのような音楽表現がふさわしいのかを試行錯誤する中で，当初の思いや意図が変わってくる場合もあります。柔らかい感性をもって音や音楽と向き合い，実際に表現を工夫する中で，曲の特徴や自分のイメージにふさわしい音や音楽を探っていくことが重要です。

一方，「音楽を味わって聴くこと」は，鑑賞領域に関わる目標で，ここでは，自己のイメージや感情といったものを，曲想と音楽の構造との関わりなどと関連付けながら，音楽を聴き深めていくことが大切となります。

このように音楽表現を工夫したり，音楽を聴き深めたりする活動は，これまでの音楽科においても重要視されてきたものです。

音楽表現の工夫のよさや課題を共有し合ったり，曲や演奏のよさなど

を見いだしたり，音楽の聴き方を深め合ったりする活動を通して，「思考力，判断力，表現力等」を「生きて働く知識及び技能」と深く関連付け，音楽の「深い学び」を実現していくためには，学びの過程において，子供一人一人が，友達や教師（他者），音や音楽（教材），そして自己としっかりと「向き合い対話する」場面を工夫する必要があります。

　そこでは，「どんな音楽表現がふさわしいのか」と，何度も演奏したり確かめたりしながら，自分のイメージする表現や曲にふさわしいと判断される表現を求める子供や，音楽を聴いてそのよさの根拠を求めて，友達と活発にコミュニケーションを図ったり，自己とじっくり向き合ったりする子供の姿が期待されます。

　このような子供の姿を実現するためには，音や音楽及び言葉をバランスよく組み合わせ，音楽科ならではのコミュニケーション，つまり「音楽科の特質に応じた言語活動」を工夫することが大切となるでしょう。

(3)「学びに向かう力，人間性等」の涵養

　「学びに向かう力，人間性等」の涵養に関する目標が示された音楽科の目標 (3) では，「音楽活動の楽しさを体験する」や「音楽を愛好する心情と音楽に対する感性」，「音楽に親しむ態度」，「豊かな情操」がキーワードとなっています。これまでの音楽科が長い間大切にしてきた方向性を継承していることは明らかですが，答申の「どのように社会・世界と関わり，よりよい人生を送るか」という視点に直結するこの項目では，「生活や社会の中の音や音楽と豊かに関わる」ことを一層強く推進していこうとする方向が明確に打ち出されています。

　その出発点ともなる音楽科の学習においては，主体的，創造的に音楽活動に取り組む楽しさを実感させることが大切となります。音楽を学ぶ楽しさを実感した子供は，確実に学びを深める中で，「こんなことができるようになった」という達成感とともに，新たな学びの楽しさも見いだすことができるようになります。

学ぶ楽しさや段階的な達成感，さらには「この学びによって，こんなことができるようになる」という見通しをもつことが，様々な音楽や音楽活動に主体的，創造的に関わっていこうとする態度を育むことにつながります。これらが学びに向かう原動力となり，相乗的に音楽の学びの質が高まっていくと思われます。

　子供が「音楽が生活や社会に役立っている」，「音楽があることで生活が豊かになる」など，音楽と生活や社会，あるいは人間との関わりや，音楽を学ぶ意味といったものを，「音楽的な見方・考え方」の深まりとともに自覚することによって，生涯にわたって音楽と主体的，創造的に関わっていく可能性が大きく広がっていくのではないでしょうか。

学年の目標について

　「学年の目標」は，従来どおり低・中・高の2学年ずつで括られ，三つの項目は，教科の目標と同じく資質・能力の三つの柱に沿って整理されています。各項目の表現及び鑑賞との関わりについても，教科の目標と同様の枠組みとなっています。また，ここでも，従来の指導という視点からではなく，子供の学びという視点から，「何ができるようになるか」や「何を学ぶか」を明確に打ち出した書きぶりになっています。

　内容的にも，従来同様，子供の発達段階や学習の系統性を踏まえたものとなっていて，どの項目も，高学年に向かって学びが質的に高まっていくように示されています。例えば，(1) の項目では，「曲想と音楽の構造などとの関わり」について，低・中学年の「気付く」が，高学年では「理解する」となっており，(3) の項目では，音楽への関わり方が，「楽しく」（低学年），「進んで」（中学年），「主体的に」（高学年）と質的に高まっていく様子が示されています。

　また，全学年の (3) の項目において，「協働して音楽活動をする楽しさ」が示されていることは，注目に値します。これは，集団で協働しながら学ぶという音楽科の特質を反映したものであり，教科の存在意義や教育の今日的課題にも深く関わるものです。音や音楽及び言葉をバランスよく組み合わせたコミュニケーションを工夫し，子供同士，教師と子供が関わり合う中で，子供一人一人の学びが深まっていくような授業を構想・展開することは，音楽科を指導する教師のまさに醍醐味といえるのではないでしょうか。

内容の示し方の改善

目標に関しては，教科，学年ともに，資質・能力の三つの柱に沿って整理されていましたが，音楽科の内容に関しては，下記のように，「思考力，判断力，表現力等」と「知識」，「技能」の資質・能力から指導事項が整理されています。

なお，内容の構成に関しては，現行と同様で，「A表現」と「B鑑賞」の2領域と〔共通事項〕から構成され，「A表現」は，（1）歌唱，（2）器楽，（3）音楽づくりの3分野に分けて示されています。

領域	A表現 （1）歌唱 （2）器楽 （3）音楽づくり	ア	思考力，判断力，表現力等
		イ	知識
		ウ	技能
	B鑑賞	ア	思考力，判断力，表現力等
		イ	知識
〔共通事項〕		ア	思考力，判断力，表現力等
		イ	知識

各指導事項に分けて示された資質・能力は，本来相互に関わりながら，一体的に働くものであり，個別的に育成されるものでも，固定的な順序でもって獲得されるものでもありません。指導計画の作成に当たっては，これらの点を十分に注意し，相互に関連付ける必要があります。また，年間を通して，領域・分野，取り扱う指導事項や〔共通事項〕などのバ

ランスが取れていることが大切です。

　内容の示し方で最も注意しなければならないのは，枠組みが変更され，これまでの指導内容が細分化された点です。

　例えば，「A 表現」の (1) 歌唱では，ウが三つの事項で示されることによって計五つの事項となり，(2) 器楽では，イが二つの事項，ウが三つの事項に分かれて計六つの事項となっています。(3) 音楽づくりでは，ア，イ，ウがそれぞれ二つの事項で示され，計六つの事項となりました。そのため，指導の内容が増えたのではないかと危惧する声も少なくありませんでした。

　しかし，あくまで現行の指導内容がベースであり，指導内容の考え方そのものに大きな変化はありません。「思考力，判断力，表現力等」，「知識」，「技能」という資質・能力別に整理され，指導すべき内容が明確化されたと捉えるべきです。

　その一方で，現行は三つの事項で示されていた「B 鑑賞」は，二つの事項で構成されています。決して鑑賞の内容が減ったわけでも，軽んじられたわけでもありません。

　これも資質・能力別に整理された結果，現行のアとウが，新たにア「鑑賞についての知識を得たり生かしたりしながら，曲や演奏のよさなどを見いだし，曲全体を味わって聴くこと」(中・高学年) で括られました。そこには，これまでのアとウに対応する学習の一層の充実を図ろうとするねらいがあります。

　なお，今回の改訂では，目標及び内容が一貫して資質・能力の三つの柱によって整理されたため，これまで「2 内容」に含まれていた表現教材及び鑑賞教材の取扱いは，各学年とも「3 内容の取扱い」で一括して示されています。

CHAPTER 2

今回の改訂で新たに加えられたことは?

| 総論 …………………………………………… 24
❶ 我が国や郷土の音楽の指導に当たっての配慮事項 … 26
❷ 中学年における「和楽器」の取扱い ……………… 28
❸ 知的財産の保護と活用に関する配慮事項 ………… 30
❹ プログラミング学習 ………………………………… 32

CHAPTER 2

総論

　CHAPTER 1 で触れたように，今回の改訂においては，「三つの柱」の考え方に沿って内容が整理され，育成を目指す資質・能力がより明確になりました。その一方で，新たに加えられた事項もいくつかあります。当然これらの点にも注目して学習指導に取り入れていかなければなりません。大切なのは，単に「新たに付け加える」という形ではなく，今回示された学習指導要領全体における位置付けを意識しながらそれらに取り組むことです。

　私たちは物事が変化すると，新たに加えられたことに注目するあまり，そのことへの取組にばかり偏りがちです。これは学習指導においても同様です。今回の改訂で新たに加えられた事項に注目し，それに関する情報を得るのはよいことですが，新たな事項に偏った学習指導をすることによって，本来継続して取り組むべき学習内容が後退してしまうおそれもあります。また，新たに示された事項を，単に表面的に捉えるだけで，本来意図されたものとは異なる形の実践になってしまう可能性もあります。

　例えば，平成 20 年の改訂時には〔共通事項〕が新設されました。この〔共通事項〕は，現行より前の学習指導要領で表現及び鑑賞の各指導事項に個別に示されていたものから，「すべての活動において共通に指導する内容」を取り出して示したものでした。〔共通事項〕新設の背景には，本来各活動と関連させて指導されるべきそれらの内容について学習指導が十分になされていなかったという実態がありました。けれども

改訂の際に〔共通事項〕という新しい用語で示された結果，そればかり
がクローズアップされ，「旋律」「問いと答え」などの語句が，音楽との
関連付けが不十分なまま授業の中で用いられている，という指摘も見ら
れました。

　こうしたことのないように，今回新たに示された事項については，そ
れが「なぜ示されたのか」という背景を正しく理解して，適切に指導計
画の中に取り入れることが大切です。

　今回の改訂で新たに加えられた事項はいくつかありますが，ここでは
次の四つについて触れます。
❶　「我が国や郷土の音楽の指導に当たって」の配慮事項として，「曲に
　　合った歌い方や楽器の演奏の仕方などの指導方法を工夫する」こと。
❷　「第3学年及び第4学年で取り上げる旋律楽器」の例示に「和楽器」
　　が加えられたこと。
❸　知的財産の保護と活用に関する配慮事項として，「多くの曲につい
　　て，それらを創作した著作者がいることに気付き」，「著作者の創造
　　性を尊重する意識をもてるようにする」こと。
❹　「プログラミング学習」について。

　このうち❶と❷は「我が国や郷土の音楽」に関する学習の充実を踏
まえたものです。
　また❸は現行の学習指導要領で中学校及び高等学校において示され
ていたものを小学校の段階から学習するようにしたものです。
　そして❹は主に「総則」において触れられているものです。

① 我が国や郷土の音楽の指導に当たっての配慮事項

　新学習指導要領「音楽」第3「指導計画の作成と内容の取扱い」の2
(3) において，次の事項が新たに示されました。

　我が国や郷土の音楽の指導に当たっては，そのよさなどを感じ取っ
て表現したり鑑賞したりできるよう，音源や楽譜等の示し方，伴奏の
仕方，曲に合った歌い方や楽器の演奏の仕方などの指導方法を工夫
すること。

　「歌い方」については，現行の学習指導要領において，中学年では「自
然で無理のない歌い方」，高学年では「自然で無理のない，響きのある
歌い方」で歌うよう示されています。新学習指導要領では，それをさら
に進めて，我が国の伝統的な音楽や，郷土に伝わる音楽のよさなどを十
分に感じ取って表現できるように，歌い方の指導方法を工夫することが
求められています。
　これについて「小学校学習指導要領解説　音楽編 (※)」(以下「解説」
という) では「話し声を生かして歌えるようにすること」という例が記
されています。
　我が国の音楽の中には，例えば文楽の「語り」のように「歌声」とい
うより「話し声」に近い歌唱法をもつものが用いられていることも多く，
郷土に伝わる音楽にもそうした傾向が見られます。

※小学校学習指導要領 解説は，平成29年12月8日時点の文部科学省ホームページに公開されているものを参照しました。

地域に伝わる民謡などを歌う場合，その特徴を感じ取り，よさを生かして表現するために，曲に合った歌い方の工夫が必要になります。大切なのは技術の習得に偏ることなく，それらの音楽の特徴を感じ取ることを，学習の一つとして扱うことなのです。解説で「仕事歌などでは動作を入れて歌うなど，歌われたり演奏されたりしたときの様子に合った体の動きを取り入れることも効果的である」と示しているのも，同じ趣旨ではないでしょうか。この指導では，その地域に実際に伝わる体の動きを正確にまねることが求められているのではなく，その歌の本質や背景を感じ取ることが大切であるという点に留意する必要があります。

　さらに，「楽器の演奏の仕方」については，解説では「口唱歌を活用する」ことにも触れています。「口唱歌」は通常「唱歌」と呼ばれ，日本の伝統的な楽器の習得場面で用いられてきたものですが，学習指導要領では「文部省唱歌」などに「唱歌」という用語が用いられているため，それと明確に区別するために「口唱歌」と記されています。

　なお，「曲に合った歌い方」に関しては，共通教材の中の曲，例えば「うさぎ」「さくらさくら」「越天楽今様」などを学習する際に，上記のような視点で指導方法を工夫することも考えられます。「伴奏の仕方」については，解説に示されているように「和楽器による伴奏の音源を用い」るといった方法も可能ですし，中学年以降では，児童が和楽器を用いて簡単な伴奏を付けることも考えられます。

　最後に，「楽譜等の示し方」については，例えば箏で用いられている縦譜を用いたり，歌唱では音の高さや長さ，抑揚などを文字や線などで簡易的に示した楽譜を用いたりすることも効果的です。

(例) 教育芸術社 中学生の音楽1
　　「ソーラン節」絵譜　北海道民謡／伊藤多喜雄 採譜

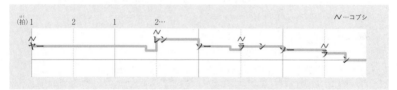

2 中学年における「和楽器」の取扱い

　現行学習指導要領において「和楽器」は高学年で取り上げる旋律楽器の例として示されていましたが，今回は「第3学年及び第4学年で取り上げる旋律楽器は，既習の楽器を含めて，リコーダーや鍵盤楽器，和楽器などの中から児童や学校の実態を考慮して選択すること」と示され，中学年から取り扱うことができるようになりました。

　解説では「箏(そうこと)など」と例示されています。実際のところ，「旋律楽器」として中学年で扱うことができる和楽器は，箏以外にはなかなか見付けることは難しいでしょう。他に篠笛，三味線なども考えられますが，篠笛は，リコーダーなどと同様に，複数人で一つの楽器を使いまわす，ということは適切ではないため，費用負担もかかります。

　また，三味線はばちの持ち方にかなり指導が必要になるほか，複数人で順に演奏するには，箏に比べてかなり時間を要します。

　その点，箏は予め演奏する弦を調弦しておけば，弦を弾くだけである程度の曲が演奏可能になります。その場合の選曲は，よく用いられる「さくらさくら」や，2音や3音でできているわらべうたなどがよいでしょう。

(譜例)　「ゆうやけこやけ」　わらべうた

さて，ここでは「旋律楽器」として扱う和楽器ですが，必ずしも楽曲の旋律を担当する楽器として用いるものとは限りません。❶の項でも触れた通り，「我が国や郷土の音楽」の伴奏に用いることも考えられます。

　特に中学年段階では，児童全員が旋律を演奏する技術を身に付けるのは難しい場合もあります。そこで簡単な伴奏にこれらの楽器を用いることは，そうした技術的なハードルを下げるだけでなく，その旋律を歌う学習において「我が国の音楽のよさ」を感じ取ることが容易になる，という点で効果的です。

(譜例)「うさぎ」　日本古謡／教芸音楽研究グループ編曲

3

知的財産の保護と活用に 関する配慮事項

　インターネットを通じて，子供たちも容易に世界と直接繋がることが できるようになった反面，そこで第三者の権利を侵害してしまい訴えら れるという危険に直面するようになってきています。また，様々なコン テンツによって「知財立国」を目指す我が国において，将来を担う子供 たちが知的財産権，著作権に関する正しい知識をもつことはたいへん重 要です。

　こうした背景から，今回の改訂では小学校の学習指導要領にも知的財 産権に関わる記述が含まれるようになり，知的財産の活用と保護につな がる態度を育成することについて触れられています。(第3　指導計画 の作成と内容の取扱い　2 (1) オ)

　表現したり鑑賞したりする多くの曲について，それらを創作した著 作者がいることに気付き，学習した曲や自分たちのつくった曲を大切 にする態度を養うようにするとともに，それらの著作者の創造性を尊 重する意識をもてるようにすること。また，このことが，音楽文化の継 承，発展，創造を支えていることについて理解する素地となるよう配 慮すること。

　ここで大切なことは，以下の三つの点です。
・作品（著作物）にはつくった人（著作者）がいる，ということに気付 くこと。

・作品を大切にする態度を養うこと。

・著作者の創造性を尊重する意識をもつこと。

　「つくった人がいる」と認識することは，一見当たり前のように感じますが，実はこれが知的財産に関する意識の，まさに「入り口」と言える大切なものです。作品と人をつないで認識するという意識が，作品を「社会的財産」として大切にする，ということにつながり，著作権などの知的財産権を尊重する態度の下地となっていきます。

　したがって，学習する曲の作詞者や作曲者について確認し，その人について調べたり，その情報と感じ取った曲のよさを関連付けたりすること，さらに「音楽づくり」の活動で自分や友達がどのように工夫したのか，という実感をもち，その創造性を尊重することが大切です。

　例えば共通教材には，同じ「高野辰之作詞　岡野貞一作曲」による作品が下記のように多数あります。

「日のまる」（1年）「春がきた」（2年）　「春の小川」（3年）
「もみじ」（4年）　「おぼろ月夜」（6年）「ふるさと」（6年）

　このことを踏まえて，「『もみじ』は，3年生のときに歌った『春の小川』と同じ作詞者と作曲者がつくったものなんだね」と投げかけたり，6年生では「おぼろ月夜」と「ふるさと」が同じ作詞者・作曲者であることに子供たち自ら気付かせたりすることによって，「つくった人」に対する意識を高めることにつなげていくことができるでしょう。

　また，このことと関連して，学校における音楽会などでは，プログラムに作詞者・作曲者の名前を記すことも大切です。

4

プログラミング学習

「プログラミング学習」は，今回の学習指導要領改訂に至る過程の中で，人工知能（AI）の発達によって人間の担う仕事に変化が生まれるであろう将来の社会において必要な，「情報活用能力」の育成を図るためにクローズアップされてきたものです。

「プログラミング」というと，横文字のコマンドが複雑に羅列されたものを想起する方も多いと思いますが，当然ながらここで想定しているのはそのようなものではありません。最近では，ロボットに自分の想定した動きをさせるためのプログラムを設定できるような教材も生まれてきているようですが，音楽科ではそのような教材を用いた学習をすることは想定していません。

「新学習指導要領　総則」（以下「総則」という）には第3「1　主体的・対話的で深い学びの実現に向けた授業改善」の中の（3）に下記のように示されています。

第2の2の（1）に示す情報活用能力の育成を図るため，各学校において，コンピュータや情報通信ネットワークなどの情報手段を活用するために必要な環境を整え，これらを適切に活用した学習活動の充実を図ること。また，各種の統計資料や新聞，視聴覚教材や教育機器などの教材・教具の適切な活用を図ること。

この部分は，教具としてのコンピュータ等の情報手段の活用について触れていますが，この後段では，次のように示されています。

　あわせて，各教科等の特質に応じて，次の学習活動を計画的に実施すること。
ア　児童がコンピュータで文字を入力するなどの学習の基盤として必要となる情報手段の基本的な操作を習得するための学習活動
イ　児童がプログラミングを体験しながら，コンピュータに意図した処理を行わせるために必要な論理的思考力を身に付けるための学習活動

　ここで大切なのは「イ」の部分です。「論理的思考力を身に付ける」とありますが，この「思考力」のことを，解説では「プログラミング的思考」と呼んでいます。つまり音楽科においてはこの「プログラミング的思考」を育成する学習活動が可能ということになります。
　「小学校段階におけるプログラミング教育の在り方について（議論のとりまとめ）」（平成28年6月16日）には次のような記述があります。「例えば，音楽づくりの活動において，創作用のICTツールを活用しながら，与えられた条件を基に，音の長さや音の高さの組合せなどを試行錯誤し，つくる過程を楽しみながら見通しを持ってまとまりのある音楽をつくることや，音長，音高，強弱，速度などの指示とプログラムの要素の共通性など，音を音楽へと構成することとプログラミング的思考の関係に気付くようにすること」
　つまり，音楽の諸要素を活用し，音楽の仕組みとしての反復，変化などを用いながら，音楽へと構成していく過程に「プログラミング的思考」が働くということを指摘しています。
　例えば，2小節程度の複数のリズム素材を活用してアンサンブルを組み立てる学習などで，「このリズムとこのリズムをこのように重ねると，こんな感じになる」「この音色のリズムに，異なる音色のリズムを続け

ると，こんな感じになる」と考えながらつくることは，「プログラミング的思考」を働かせることにつながるでしょう。もちろんその際には，考えたことを実際に音に出してその効果を確かめたり，ICT機器を活用したりして様々な可能性を試したりすることが大切です。

　このように，音楽科の学習活動の中に「プログラミング的思考」が働く場面を見付けながら，それを適切に指導に位置付けていくことが望ましいでしょう。

CHAPTER 3

ここが重要！学習指導改善のエッセンス

総論	36
❶ 何ができるようになるか	38
❷ 主体的・対話的で深い学び	46
❸ カリキュラム・マネジメント	56

CHAPTER 3

総論

　ここまで，新学習指導要領の改訂のポイントと，新たに加えられた内容について触れてきました。次に，具体的にどのような学習指導の改善を行うべきなのかについて，下記の三つの視点から事例を含めて示します。

●「何ができるようになるか」という視点

　ここでは，今回の改訂で明確に示された「資質・能力」という観点から，新学習指導要領の内容を改めて確認し，それに沿った学習指導の具体例を提示します。

　つまり，どのような能力を習得させるために，どのような教材を用いて，どのような観点で学習指導を行うべきなのか，その結果，何ができるようになるのかという，今回の学習指導要領改訂の趣旨を実現するための重要なヒントを，学習指導の事例を交えながら提示します。

●「主体的・対話的で深い学び」という視点

　もともと大学における授業改善の方策として生まれた「アクティブ・ラーニング」ですが，今回の学習指導要領改訂に当たっては，義務教育においても「アクティブ・ラーニング」の視点での授業改善が課題とし

て浮き彫りになっていました。「アクティブ・ラーニング」という用語は,その定義が明確でない,ということから新学習指導要領本文で用いられることはありませんでしたが,その趣旨は「主体的・対話的で深い学び」という表現の中に込められています。

　ここではそのような学習指導としてどのような展開が考えられるのか,実際の事例を交えて紹介します。

● カリキュラム・マネジメントについて

　この用語は学習指導要領の第1章「総則」でごく簡単に触れられているものですが,今回の学習指導要領改訂に当たって,中央教育審議会において議論されてきた重要な視点です。

　つまり,「主体的・対話的で深い学び」の視点による授業改善を実際に行う際は,人的あるいは物的に,より効果的な方策を策定して実施することが求められているのです。

　さらに新学習指導要領が目指す「社会に開かれた教育課程」の実現に向けては,学校,家庭,地域などとの緊密な連携を図る,という視点が不可欠です。

　また,上記の視点は,管理職の教職員にとって当然必要なことですが,全ての教職員がその必要性を共有し,学校が一体となって授業改善に当たることが重要であると言えます。特に音楽専科の教師にとっては,音楽科のみならず,学級担任との連携がたいへん重要になってきます。

　ここではどのような視点で改善を図るべきかについて具体例を提示します。

1

何ができるようになるか

(1) 資質・能力の三つの柱

　CHAPTER 1 で示した通り，新学習指導要領では，育成すべき資質・能力を「三つの柱」に整理して示しています。

　音楽科では，学習指導要領の解説に示されているように，三つの柱の内容が順序性をもったり，別々に指導されたりするものではないとしています。ここで注意すべきなのは，学習指導要領に「～できるよう指導する」という述語が目立つため，「知識及び技能」の習得に偏っているように思われがちなことです。大切なのは，「音楽的な見方・考え方」を働かせて，「多様な音楽活動を幅広く体験すること」により，「生活や社会の中の音や音楽と豊かに関わる資質・能力」の育成を子供の発達段階に応じて実現していくということなのです。

(2) 生きて働く「知識及び技能」の習得

　音楽科における「知識」とは，「児童が音楽を形づくっている要素などの働きについて理解し，表現や鑑賞などに生かすことができるような知識」であり，その理解に当たっては，「表現や鑑賞の活動を通して，実感を伴いながら理解されるようにしなければならない」と示されています。

　また，「技能」に関しては，歌唱，器楽，音楽づくり，それぞれの分野で複数の内容が示され，「思いや意図に合った表現などをするために

必要となるもの」として位置付けられています。つまり，音楽科における「技能」については，「思考力，判断力，表現力等」の育成と関わらせて，習得できるようにすべきであると強調しているのです。

（3）未知の状況にも対応できる「思考力，判断力，表現力等」の育成

　音楽表現を工夫し，どのように表現するかについて思いや意図をもったり，音楽を聴いて自分にとっての音楽のよさなどを見いだしたりすることが，音楽科における「思考力，判断力，表現力等」とされています。その育成に当たっては，「音楽を形づくっている要素を聴き取り，それらの働きが生み出すよさや面白さ，美しさを感じ取りながら，聴き取ったことと感じ取ったこととの関わりについて考えることが必要」であり，その過程では，「音や音楽及び言葉によるコミュニケーションを図り，音楽科の特質に応じた言語活動を適切に位置付けられるよう指導を工夫すること」が大切であると述べられています。

（4）学びを人生や社会に生かそうとする「学びに向かう力，人間性等」の涵養

　この柱については，教科の目標や学年の目標において示されています。「自ら音楽に関わり，協働して音楽活動をする楽しさを感じたり味わったりしながら，様々な音楽に親しむこと，音楽経験を生かして生活を明るく潤いのあるものにしようとすること」すなわち「学びに向かう力，人間性等」の涵養については，全学年に共通し，音楽科の全ての領域分野における方向性を示しています。

（5）各領域分野における事例

　本項では,「三つの柱」に沿って示された資質・能力を育成する事例を,歌唱,器楽,音楽づくり,鑑賞の領域分野,または,それらを関連付けた題材で紹介します。ここでは,「児童の音楽活動と離れた個別の知識の習得や,技能の機械的な訓練にならないようにすること」が大切であり,「児童が学んでいること,学んだことを自覚できるようにしていくこと」が求められます。

‥‥‥‥‥‥‥‥‥‥‥‥‥‥‥‥‥‥‥‥‥‥‥‥‥‥‥‥‥‥‥‥‥‥‥‥

① 「旋律」「音の重なり」「音楽の縦と横との関係」を核に歌唱と器楽を関連付けた事例

　歌唱,器楽では,「自らの声」や「楽器」で,曲の表現を工夫し,思いや意図をもって「歌うもの」「演奏するもの」であることを再認識することが大切です。その上で,工夫の基盤となる「曲想と音楽の構造や歌詞の内容との関わり」「曲想と音楽の構造との関わり,楽器の音色や響きと演奏の仕方との関わり」を発達段階に応じて理解し,「思いや意図に合った表現をするため」に声や音の出し方を操作しながら表現を工夫する授業を展開するようにします。それによって,よりよい表現を求めて自ら技能を高めたり知識を広げたりし,思いや意図を深め,子供たち自身が歌ったり演奏したりする意味をつかんでいく学習を行うようにします。

【事例1】第5学年「音の重なりを感じ取ろう」

教材 「小さな約束」佐井孝彰 作曲
　　　「いつでもあの海は」佐田和夫 作詞　長谷部匡俊 作曲
　曲想と旋律の動きや重なり方,反復,変化,歌詞の表す心情や情景との関わりを理解し,声や音の出し方を工夫して,どのように表現するかについて思いや意図をもち,音の重なり合いを感じ取って表現する喜びを味わう学習です。

ⅰ）「小さな約束」は，イ短調の曲です。その響きがどのような感じがするのか話し合いながら範奏を聴いたり，実際にハ長調とイ短調の音階を鍵盤ハーモニカなどで弾き比べたりしてから，リコーダーの演奏に取り組むようにします。それによって，ソ♯の意味が理解でき，指使いを覚えるという技能的なことも意欲をもって進めることができます。さらに，各パートを階名唱し，旋律の動きやその反復，変化，音の重なり方の違いに気付くことで，どのように演奏するかについて，考えることができます。

ポイント　イ短調の楽譜を演奏できることは，「技能」ですが，高学年では「知識」という意味でも楽譜から曲想を読み取ることに意欲的に取り組むことができます。既習したことと比べながら理解を深め，階名唱することで，旋律の動きや音の重なり方も感じ取ることができます。グループ活動では，リコーダーの響きをよく聴いて丁寧に演奏し，旋律の動きと音の重なりを生かした演奏の仕方を模索するようにします。

ⅱ）「いつでもあの海は」では，「小さな約束」で学んだことを基に，旋律の動きに着目しながら，「小さな約束」と同じように全員で一つの旋律を歌うところ，二つの旋律の重なり方が「小さな約束」と似ているようで違う重なり方をしていることを歌いながら確認します。そして，3段目の掛け合いから4段目の重なりにかけて曲全体が盛り上がっていくことを理解していきます。さらに，最後の部分の歌い方を工夫したり，どのような声で歌うと斉唱の部分がより豊かになり，合唱の部分が盛り上がっていくのか考えたりして，意見交換しながら歌い進めていきます。

ポイント　歌唱と器楽では，表現する媒体が異なるので，それぞれの持ち味を生かすことも大切です。その上で，「旋律」の特徴や「音の重なり」方の違いを理解し，演奏したり歌ったりして確かめ，その響き合いのよさや美しさを味わうことによって，「音の重なり」を実感し，曲全体の雰囲気に浸って表現することができます。

② 即興的な表現から音を音楽へと構成する音楽づくりにつなげた事例

音楽づくりには（ア）即興的に表現する活動と（イ）音を音楽へと構成する活動が示されています。いろいろな音の響きやそれらの組合せの特徴を生かしながら即興的に表現したり，音のつなげ方の特徴を生かし反復や変化を用いてまとまりを意識した音楽をつくったりして，つくる過程において知識や技能を活用しながら試行錯誤し，思いや意図に合った表現ができるようにしていきます。

【事例2】第4学年「いろいろな音のひびきを感じ取ろう」
教材 「打楽器の音楽」
　図形を手掛かりとして，打楽器の音の特徴や音色を生かした表現を工夫したり，音楽の仕組みを生かしてグループの音楽をつくったりする学習です。

ⅰ）図形のカードを見て，音の出し方やつなぎ方を工夫します。

　二人組で㋐〜㋓の4枚の図形のカードを並べて，選んだ打楽器の音で即興的に表現します。
　子供（以下「Cという」）：「㋐と㋑はウッドブロック，㋒と㋓は鈴で演奏しよう」「●の大きさで打つ位置を変えて音の高さを工夫しよう」

ポイント 二人一組で意見を出し合って試行錯誤しながら，同じ図形でも様々な音の出し方が考えられ，カードの並べ方で音のつなげ方を工夫できることに気付かせます。このように児童が無理なく取り組むことができる活動をきっかけとして，即興的な表現と音を音楽へ構成する活動の知識や技能を身に付けられるようにします。

ⅱ）三人一組で使う楽器を選びます。木質，金属質，皮質といった素材の違いによる音の特徴に気付き，それらを組み合わせたときの音の響きを意識して，使う楽器を選ぶようにします。

ⅲ）音楽づくりのルールを知り，どのように音楽をつくるか，見通しをもちます。

　　音楽づくりのルール
- 「始めの部分」と「終わりの部分」は1枚のカードを選び，全員で演奏する。
- 「中の部分」はカードを自由に組み合わせて，音の重ね方，反復，呼びかけとこたえ，変化などを生かした音楽をつくる。
- 「中の部分」では一人4枚までカードを使ってよい。

ⅳ）ホワイトボードに図形のカードを並べながら，音の重ね方，反復や変化などを生かし，グループの音楽をつくります。

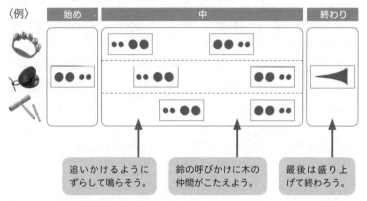

　ポイント　この事例では図形のカードを手掛かりとして，反復，呼びかけとこたえ，変化などの音楽の仕組みを視覚で捉えながら，見通しをもってまとまりのある音楽をつくることができるようにしました。図形のカードの楽譜を実際に音で試し，思いや意図に合う表現を探りながらつくっていくことが大切です。

③ 比較を通して聴き取ったことと感じ取ったことの関わりに気付く鑑
  賞の事例

　鑑賞では,〔共通事項〕との関連を図り, 聴き取ったことと感じ取っ
たこととの関わりについて考えながら, 曲想及びその変化と音楽の構造
との関わりについて理解できるように指導を工夫することが大切です。
楽曲を特徴付けている要素や音楽の仕組みを聴き取ることだけに留まら
ず, それらの働きが曲や演奏のよさを生み出していることを見いだし,
曲全体を聴き深めていくようにします。

【事例3】第2学年「せんりつのちがいやきょうじゃくのへんかをかん
じてきこう」

教材 「トルコ行進曲」ベートーベン 作曲
　拍の流れ, 旋律の特徴と違い, 強弱の変化の関わりによる曲想を感じ取り,
曲の楽しさを見いだしながら曲全体を味わって聴く学習です。

ⅰ）二つの主な旋律㋐と㋑を歌って覚えた後に, ㋐と㋑の音楽の違いを感じ
　取って聴きます。

㋐　　　　　　　　　　　　　　　　　　　㋑

　　教師（以下「T」という）:「㋐の音楽では, どんな楽器の音が聴こえてき
　　　　ましたか」

　　C:「大だいことシンバル」「トライアングルがずっと鳴っている」「同
　　　　じリズムを繰り返していた」

　　T:「㋐を聴いて, どんな感じがしましたか」

　　C:「明るくて元気がよい」「堂々としている」「はずんでいる」

　　T:「㋑は, どんな特徴があるでしょうか。㋐と比べて聴きましょう」

　　C:「始め弱くて, 急に強くなってびっくりした」「弱い・強いを繰り返
　　　　していた」「㋑は㋐より暗い感じがする」

ポイント 二つの主な旋律に親しみ，それらを比較することで，それぞれの旋律が現れたときの音楽の特徴を聴き取り感じ取るようにします。また，聴き取ったことと感じ取ったことを整理したり，関連付けたりするような発問，児童の発言を音楽の構造と関わらせて可視化する板書の工夫が，曲全体を味わって聴くことにつながります。

ⅱ）⑦と⑦のグループに分かれ，自分の担当の旋律が現れたときに立つことを確認して，楽曲全体（⑦⑦⑦⑦ 終わり ）を通して聴き，音楽の構造に気付きます。

ⅲ）指揮の動作をしながら音楽を聴き，⑦と⑦の強弱の違いを感じ取ります。
ポイント 体を動かす活動を取り入れることで，音楽との一体感を味わいながら楽しく聴くことができます。音楽の特徴に合う動きを提示する，動く場面を限定するなど，ねらいに即した動きにすることが大切です。

ⅳ）曲全体を聴き，終わりの部分の特徴（デクレシェンド，旋律の違いなど）を感じ取ります。その後，「トルコ行進曲」のよさや面白さなど感じ取ったことをワークシートに記入します。
〈児童の記入例〉「⑦の始めは鳥が鳴いているみたいだけど，途中から軍隊のように力強くなる」「強弱がはっきりしていて，軍隊がはみ出さずに歩いているみたい」「⑦，⑦，⑦，⑦，⑦と繰り返されているのが，面白い」
ポイント 児童が音楽から聴き取ったことや感じ取ったこと，想像したことをまとめるワークシートは，児童の発達段階や実態に即し，負担感なく記入できるものを用意します。⑦，⑦，旋律，強弱などのキーワードを示すと，学習してきたことを振り返りながら言葉で表すことができます。また，それぞれが感じた曲のよさについて意見交流する場面を設定することで，自分と友達の感じ方の共通点や違いに気付くことができるようになります。

（２）

主体的・対話的で深い学び

（1）「主体的・対話的で深い学び」がもつ意義

　新学習指導要領には，我が国の優れた教育実践に見られる共通した視点は「主体的な学び」「対話的な学び」「深い学び」であり，「解説」でも今後もこれらを生かした学習の質的な高まりが必要であると述べられています。音楽科においても，知識・技能の習得を含め，思考・判断・表現の一連の過程を大切にした優れた教育実践がたくさん蓄積されています。ここでは教科書の題材や教材を基に，「主体的・対話的で深い学び」の実現に向けた授業改善のヒントとアイディアを提案します。

（2）「題材」に見る「学び」へのヒント

　教育芸術社の教科書は，題材を中心に構成されています。題材には，義務教育９年間を見通した系統があり，発達段階や学習の順序性が考慮されています。さらに，各学年の題材はそれぞれ設定された明確なねらいをもっており，題材同士の連携にも注目することで，より子供たちの学びを深めることができます。したがって，題材はとても重要で，学校や子供の実態に沿って，そのねらいを踏まえた実践を展開していかなければなりません。題材のねらいを見落とすと，たとえ楽しい授業であっても「活動あって学びなし」に陥りますから要注意です。

　以下の事例の提示に当たっては，題材内の主な教材を取り上げています。

【事例1】第1学年「うたでなかよしになろう」
教材 「いぬのおまわりさん」「ぞうさん」他
　　　「ぞうさんのさんぽ」「てとてであいさつ」

ⅰ）教育芸術社の教科書1年生最初の題材「うたでなかよしになろう」は，
イラストの中に隠された「いぬのおまわりさん」「ぞうさん」など九つの
歌を見付ける楽しい活動から始まります。しかし，これらの歌を子供が
全て知っているとは限りません。そこで，どうすれば「うたでなかよし」
になれるかを考えさせます。最も簡単な答えは「その歌を知らない子に，
知っている子が教える」でしょうし，追いかけ合って歌う「こぶたぬき
つねこ」は，「知らない子が追いかければいい」と意見も出されるでしょ
う。一斉授業であっても，教材を挟んで他者のことを考えさせるのです。
結果として，歌を教えた子供も学んだ子供も教師はほめることでしょう。
誰も知らない歌は「先生が歌うのを聴く」ことで「みんなが知る」よう
になります。教室のみんなが仲良くなるために，知恵を絞って歌う活動
を考えましょう。

ⅱ）「ぞうさんのさんぽ」や「てとてであいさつ」では，これらの曲を学ぶ意
味を理解して取り組む子供の姿が期待できます。
　　「おうちの人は，みんなが学校でどんな勉強をしているのか知りたいと
思っています。今日学習した歌を帰ってから歌ってみよう」と宿題にし
てもよいでしょう。「対話的な学び」が「主体的な学び」につながってい
きます。歌声が乱暴になる場合は，範唱CDを聴かせて「この歌を歌っ
ている人は，どんな顔で歌っているかな？」と尋ねてみます。CDを流
しながら「声は出さないで，歌うまねだけしてみよう」と言って様子を
見ます。いい表情ができているようでしたら「その顔で歌うと同じ声が
出るよ」と言って範唱CDに合わせて歌わせます。顔の表情で歌声が変
わります。実はこのとき，子供はCDと対話的な関係を，歌に対して主
体的な関係を築いているとも言えます。

(3) 題材と題材をつなぐ「学び」へのヒント

題材は独立したものではなく，それぞれがつながりをもっています。義務教育9年間を見通した「縦のつながり」もあれば，その学年の題材同士の「横のつながり」もあります。この点に着目し，いくつかの題材をつなぐことで深い学びが可能になります。

ここでは，題材と題材をつなぐ1年生の活動例を紹介します。

【事例2】第1学年「はくをかんじてリズムをうとう」
教材 「ことばでリズム」

次の写真は，1年生の音楽づくりの活動「ことばでリズム」の一場面です。

◀「しりとり」でつくったリズムを記譜する1年生男女のペア。「カメラ」を見て「ランドセル」と書こうとしているところ。

ⅰ) 子供が大好きな「しりとり」で3文字，5文字の言葉探しをします。先に言葉を書いた子供は，相手が見やすいようにシートの向きを変えています。「しりとり」によって「対話的な学び」が生まれている瞬間です。

ⅱ) 黒板に貼って学級で共有できる大きさのワークシートに，音符と言葉を書きます。授業では，教師の拍打ちに合わせて，学級のみんなが2人のワークシートを順に読んでいました。この様子からは，四分音符，四分休符，八分音符の知識と理解が得られていることが分かります。

この活動は，次の題材である，鍵盤ハーモニカの導入を含めた「どれみでうたったりふいたりしよう」にもスムーズにつなげることができます。例えば，「しりとり」でつくった言葉の抑揚は，「ど」と「れ」(「れ」

と「み」／「ふぁ」と「そ」）などで見付けられます。

例「カメラ・」＝「どれど・」「れどど・」

　　この遊びは言葉の抑揚を感じ取って旋律が書ける子供を育てます。

（4）言語活動の質を向上させるヒント

　対話的な学びには，言語活動の質の向上が必要です。そして言語活動の質が向上することで，対話的な活動はさらに深まります。

　ここでは，低学年の歌唱共通教材の歌詞の中から「優しい気持ちで歌うところ」を見付ける，ペアでの活動を紹介します。「優しい気持ちで」としたのは，歌詞から得られるイメージだけでなく，音の高低，曲の始まりや終わり，題名などに関連した様々な発想を引き出すためです。「ここは優しい気持ちだ！」と感じた理由を言葉で表す活動によって，実際の歌い方も明らかに変化していきます。

【事例3】第2学年「かしのようすをおもいうかべながらうたおう」

教材「虫のこえ」文部省唱歌

　　　「夕やけこやけ」中村雨紅 作詞　草川　信 作曲

ⅰ）「虫のこえ」と「夕やけこやけ」で見つけた「優しい気持ちで歌うところ」と「その理由」をワークシートに記入します。実際に子供たちが学習カードに記入した例を紹介します。

「虫のこえ」

"あれ"	→ 「アレッ!?って，驚いている感じだから」
"チンチロ〜"	→ 「虫の鳴き声は小さく響くから」
"あきの よながを なきとおす"	→ 「低い声が，最初にあるから」
"ああ おもしろい"	→ 「高い声を，きれいに歌いたいから」
"虫の こえ"	→ 「最後だから」

CHAPTER 3

❷ 主体的・対話的で深い学び

49

「夕やけこやけ」（1番のみ）

"夕やけこやけで"	→	「歌いだしだから」
"日が くれて"	→	「日が暮れて暗くなったから」
"山の おてらの かねが なる"	→	「ずっと遠くで鳴っているから」
"おてて つないで みな かえろ"	→	「やさしい気持ちで，手をつないでいるから」
"からすと いっしょに かえりましょう"	→	「お友達とお話ししているみたいだから」

ⅱ）歌詞を拡大した掲示物を使って，子供たちの意見を集約します。もし拡大投影機があれば，子供たちのワークシートをそのまま前方のスクリーンに映せるので便利ですし，子供自身がそれを使って発表することもできます。仲間の意見を知ることによって，語彙が増え，歌い方も深まります。さらに，まとめの段階で範唱ＣＤとの聴き比べを行うと，それまで無意識で聴いていたことに気付き，歌への思いをいっそうはっきりと意識できるようになります。

(5) 子供同士の「協働」を高めるヒント

　主体的・対話的な学びを実現するには，「協働」が不可欠です。和音の音を使った旋律づくり（3年生「海風きって」・4年生「歌のにじ」）は，一人でも活動できるようになっていますが，いずれも音の組合せの可能性はたいへん多く，一人で吟味した旋律をたくさんつくることは容易ではありません。そこで，「協働」により学習効果が高まる，男女混合4人グループでの活動例（3年生）を紹介します。

【事例4】第3学年「音を組み合わせてせんりつづくりをしてみよう」

教材 「海風きって」 高木あきこ 作詞　石桁冬樹 作曲
　　　せんりつづくり

ⅰ）リレーのように，一人1音ずつ音を選んで，一つの旋律をつくります。

この活動を数回行い，各グループの人数分の旋律をつくります。「つくることができる旋律は『海風きって』では 162 種類ある（音の選択肢から 1 音を選ぶ活動を 5 回繰り返すので，3 × 3 × 3 × 3 × 2 ＝ 162）」こと，「その旋律はどれも正解ではあるが音楽的には質の差がある」ことをあらかじめ伝えておくことで，子供たちがアイディアを自由に出しやすい環境になるでしょう。

ⅱ）人数分の旋律をつくり終えたグループは，黒板に書かれたグループ名に〇印を付けます。〇印を付けたグループは，発表する旋律を一つ決めて準備ができたら黒板に◎印を付けます。このように，各グループの進度が学級の仲間にも一目瞭然になるようにすると，中間発表をさせるタイミングなど活動の「見切り」ができるようになります。

ⅲ）つくった旋律は記譜をしておきます。曲をつくったグループ以外の人たちは，その楽譜を見ながらリコーダーで演奏します。こうすることで曲をつくったグループは落ち着いて自分たちの曲を振り返ることができます。

　以上のように，子供同士の協働を高めるには，子供の実態に合った教材や学習形態になるように教師が工夫を加えることも必要です。

（6）体の動きを伴った鑑賞の活動へのヒント

　音楽を聴くことで受ける様々な刺激を，まず一つずつ意識化して，次に，グループの仲間の助けを借りながらその全てを統合的に，曲全体を味わって聴く方法を紹介します。4 人グループによる活動を想定しています。

【事例5】第 4 学年「せんりつのとくちょうを感じ取ろう」
教材 「白鳥」 サン＝サーンス 作曲

CHAPTER
3

❷ 主体的・対話的で深い学び

51

音源は，ピアノの低音の動きがよく聴き取れる指導書の鑑賞用ＣＤを使います。演奏時間は約2分半と短いので，「チェロとピアノの二つの楽器で演奏されている」「優しくゆったりとした感じ」「同じ旋律が（チェロに）2回あった」などが聴き取れるまで続けて聴かせることもできます。音の動きや細部にわたって意識を向けるよう，教師からの発問の工夫も必要です。

ⅰ）「曲の始めのところ（ピアノの右手部分：p.53「白鳥」絵譜②）を歌ってごらん」（歌えたら）「その音が聴こえている間は，両手で肩揉みをするようにして指先を柔らかく動かしてごらん」と指示します。ピアノの音に意識を集中しているのですが，両手の動きは拍打ちをしていることになります。この動きを行うことで，拍がわずかに伸び縮みしていることを感じ取ることができます。

ⅱ）次に，チェロの旋律（「白鳥」絵譜①）を最初の部分だけ図形楽譜を見ながら歌います。

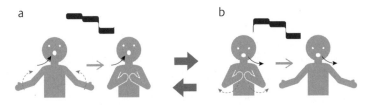

　大きな2拍子を聴き取ることでチェロの旋律がもつエネルギーを感じ取ります。a で息を吸い，b で吐くのも効果的です。

ⅲ）ピアノの左手の「低音」のリズム（「白鳥」絵譜③）を聴き取り，手で軽く打つことによって，四分の六拍子のリズムフレーズを聴き取っていることになり，さらに学びが深まります。ここまでは一斉指導です。ⅰ～ⅲがほぼできたら4人グループで向かい合います。各グループで自由にⅰ～ⅲの動作をしながら音楽を聴きます。次に全ての動きをやめて音楽を聴く活動をします。さらに，いろいろな音が同時に聴こえてくる感覚

について話し合います。このように，身体運動を取り入れることによって，より深く音楽を感じ取る活動につなげることができます。

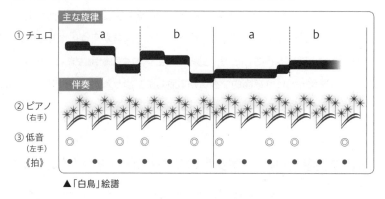

▲「白鳥」絵譜

（7） 表現と鑑賞を関連付けて学びを深めるヒント

【事例6】第5学年「いろいろな音のひびきを味わおう」
教材 「リボンのおどり（ラ バンバ）」 芙龍明子 日本語詞
メキシコ民謡　原 由多加 編曲
「アイネ クライネ ナハトムジーク」 モーツァルト 作曲

　ここでは，表現と鑑賞を関連付けて深く学ぶ方法を紹介します。「リボンのおどり（ラ バンバ）」を演奏し，楽器の音が重なり合うひびきを楽しみながら演奏したあとに，「アイネ クライネ ナハトムジーク」を鑑賞することで，聴くだけの鑑賞から，表現活動の体験を伴った鑑賞へと変わり，深い学びを実現することができます。

ⅰ）「リボンのおどり（ラ バンバ）」で，自分が演奏する楽器を決め，グループで練習をします。いろいろなパートの組み合わせを試し，重ね方を工夫できるよう話し合うことが重要です。最後に，グループごとに発表してお互いの演奏を聴き合います。

ⅱ）「アイネ クライネ ナハトムジーク」を，楽器の音の重なり方に注意しなが
ら鑑賞します。前の時間に，音の重ね方を工夫して「リボンのおどり（ラ
バンバ）」を演奏したことを振り返り，旋律の重なり方の変化が生み出す
面白さに子供が気付くことで，体験を伴った鑑賞が可能になります。表現
と鑑賞を関連付けることで，鑑賞への主体的な取組が生まれ，単純に CD
の音を聴くという平面的な鑑賞から脱して，より深く学ぶ鑑賞へとつなげ
ることができるのです。

（8）作詞者・作曲者・演奏者の工夫とは〜「学び」へのヒント

　主体的・対話的で深い学びを実現するためには，まず原作を尊重しな
がら「作詞者・作曲者・演奏者たちは，この曲をどう工夫したのか」を
探す活動に取り組みます。自分たちで探した工夫を共有し比較して，自
分たちの解釈を決める過程が大切ではないかと考えます。
　ここでは「ふるさと」を例に取り上げます。

【事例7】第6学年「詩と音楽を味わおう」
　教材 「ふるさと」　文部省唱歌　高野辰之 作詞　岡野貞一 作曲

ⅰ）詩で工夫されているところ，曲で工夫されているところを探します。詩
では，各連の情景や気分の変化，1〜3番の歌詞で共通する言葉「ふる
さと」による統一感とクライマックスの形成，文語体六四調などが工夫
として挙げられるでしょう。曲では，全16小節が「起承転結」で構成
され，1，2，4段目が同じリズムとなっていること，クレシェンドやデ
クレシェンドが風景や気持ちの遠近感とマッチしていることなどが挙げ
られます。さらに子供たちは強弱記号（*mf*，*p*）にも気付くかもしれま
せん。「二つの*mf*（やや強く）は同じ強さか，違う強さか」を歌い比べた
り，クレシェンド・デクレシェンドの強さを両手の開きで表しながら考

えたりするとよいでしょう。

ⅱ）自分たちの考えを確かめるために，ピアノ伴奏とオーケストラ伴奏二つの範唱 CD を聴き比べます。学級で話し合い，「協働」して得た気付きを，CD の比較を通して客観的に振り返ることで，曲をより深く知ることができます。

③

カリキュラム・マネジメント

（1）カリキュラム・マネジメントは改訂のキーワード

　カリキュラム・マネジメントは，学校教育に関わる様々な取組を，教育課程を中心に据えて組織的かつ計画的に実施し，教育活動の質の向上につなげていくものです。

　中央教育審議会の答申では，カリキュラム・マネジメントを次の三つの側面から捉えています。

> ① 各教科等の教育内容を相互の関係で捉え，学校教育目標を踏まえた教科等横断的な視点で，その目標の達成に必要な教育の内容を組織的に配列していくこと。
> ② 教育内容の質の向上に向けて，子供たちの姿や地域の現状等に関する調査や各種データ等に基づき，教育課程を編成し，実施し，評価して改善を図る一連のPDCAサイクルを確立すること。
> ③ 教育内容と，教育活動に必要な人的・物的資源等を，地域等の外部の資源も含めて活用しながら効果的に組み合わせること。

　ここから，人，物，金，情報，時間などの経営資源に関する営み（③）を基盤に，PDCAサイクルの展開（②）を，各教科等の関連や横断による教育活動（①）を軸に図っていくという，カリキュラム・マネジメントの全体的な構図が分かります。

カリキュラム・マネジメントは，「主体的・対話的で深い学び」とともに，これらの側面を一体的に機能させることによって，新学習指導要領の理念である「社会に開かれた教育課程」の実現を目指す方策であり，本改訂のキーワードの一つと言えます。

　そして，総則では「カリキュラム・マネジメント」を次のように定義しています。（「総則」第1の4）

> 　各学校においては，児童や学校及び地域の実態を適切に把握し，教育の目的や目標の実現に必要な教育の内容等を教科等横断的な視点で組み立てていくこと，教育課程の実施状況を評価してその改善を図っていくこと，教育課程の実施に必要な人的又は物的な体制を確保するとともにその改善を図っていくことなどを通して，教育課程に基づき組織的かつ計画的に各学校の教育活動の質の向上を図っていくこと

　日々の音楽の授業を「主体的・対話的で深い学び」の視点で改善する「授業改善」と，学校の人的・物的な教育資源を効果的に活用しているか，学校教育目標との関連やその実現にどのように迫っているか，という視点で改善する「学校改善」の二つの改善を両輪と捉え，教育課程を軸にしてそれらを一体的に関連させることが「カリキュラム・マネジメント」を効果的に進めることにつながります。

(2) カリキュラム・マネジメントの充実

　カリキュラム・マネジメントを充実させるためには，自校の教育課程の編成，実施，評価及び改善に関する課題を明確にし，教職員間で共有していくことが必要です。

　具体的には，次のように進めていくことが考えられます。

① 児童や学校，地域の実態を適切に把握する

　教育課程は，「児童の心身の発達の段階や特性及び学校や地域の実態を十分考慮して」編成することが教育課程編成の原則です。（「総則」第1の1）

　ここで大切なことは，教育課程は各学校で編成するということです。そのために自校の実態把握をすることが重要になってきます。その際，次の3点を含めて考えていきます。

ⅰ）各種調査結果やデータ等に基づく実態把握

　　音楽科では意識や能力など数値化されたデータ等の活用ではなく，日常の児童へのアンケート，学習カードなどの記述から読み取った情報などを活用して実態把握を進めることが多いと考えられます。そのため，これらの機会を複数設定したり，複数の教員で検討したりするなど，多面的に実態把握をすることが大切です。

　　実態把握を進める上での具体的な項目として，国立教育政策研究所で実施された「小学校学習指導要領実施状況調査　音楽」（平成25年実施，27年公表 http://www.nier.go.jp/kaihatsu/shido_h24/index.htm）を参考にすることができます。

ⅱ）保護者や地域住民の意向等の把握

　　学校評価の活用とともに，例えば日常使っている学習カードに保護者からのコメント欄を加えるなどの方法も，保護者の意向を把握する方法になります。

ⅲ）学校の教育目標との関連

　　なぜ学校で音楽科の学習があるのか，なぜ音楽を学習するのかということにつながる重要なことです。教師はもちろんですが，これからは児

童も意識できるようにしていくことが求められます。例えば，学級目標は学校の教育目標を受けて具体的な児童の行動目標になっていますので，学級目標を音楽の学習活動と関連させることも効果的です。

以下，②～④については「（3）総則をよりどころにしたカリキュラム・マネジメントの推進」のチェックリストで具体的に内容を示しますので，ここでは項目のみの記載とします。

② **教育の目的や目標の実現に必要な教育の内容等を教科等横断的な視点で組み立てていく。**
ⅰ）育成を目指す資質・能力を明確に設定する
ⅱ）つながりを意識して教育課程を編成する

③ **教育課程の実施状況を評価してその改善を図っていく。**
ⅰ）改善のサイクルを明確にする
ⅱ）学校評価との関連を図る

④ **教育課程の実施に必要な人的又は物的な体制を確保するとともにその改善を図っていく。**
ⅰ）人材，予算，時間，情報などの資源を生かす
ⅱ）教育課程を介して学校と地域をつなぐ

(3) 総則をよりどころにしたカリキュラム・マネジメントの推進

　今回の総則は，各学校でカリキュラム・マネジメントを円滑に進めていけるように項目立てを新たにしています。そこで，総則をよりどころにカリキュラム・マネジメントを進めていくことが考えられます。

　ここではカリキュラム・マネジメントの推進，充実が図れるように音楽科におけるチェックリストを例示します。これを参考に各学校で作成，点検を進めてみましょう。

【小学校教育の基本と教育課程の役割】

- □　① 音楽科経営案には，本校の音楽科のねらいと教育基本法，学校教育法，教育委員会の方針，学校教育目標等との関連を位置付けている。
- □　② 音楽科経営案には，豊かな心や創造性の涵養を目指す教育との関連を明確に記している。

【教育課程の編成】

- □　③ 本校の音楽科のねらいと学校教育目標との関連を明確にしている。
- □　④ 本校の音楽科のねらいや基本的な方針を家庭や地域と共有する取組を行っている。
- □　⑤ 音楽科で育成する資質・能力（三つの柱）がバランスよく実現できるような指導計画を作成している。
- □　⑥ 教科横断的な視点に立った資質・能力の育成として，音楽科においても言語能力，情報活用能力，問題発見・解決能力等の育成を関連付けた指導計画を作成している。
- □　⑦ 豊かな人生の実現や災害等を乗り越えて次代の社会を形成することに向けた現代的な諸課題に対応して求められる資質・能力の関連を図っている。

□ ⑧ 2学年まとめて示されている音楽科の趣旨を生かし，2学年間を見通して計画的に指導できるような計画になっている。

□ ⑨ 授業時数は年間35週（第1学年では34週）以上を確保した上で，学習活動の特質に応じて学習時期を効果的に位置付けた年間指導計画を作成している。

□ ⑩ 10分から15分程度の短い時間を活用した指導を行う場合，題材の内容や時間のまとまりを見通した中で実施している。

□ ⑪ 題材など内容や時間のまとまりを見通しながら，そのまとめ方や重点の置き方に適切な工夫を加えた指導計画を作成している。

□ ⑫ 音楽科と他教科等の関連を図った指導計画を作成している。

□ ⑬ 題材間の関連を図った指導計画を作成している。

【学校段階等間の接続】

□ ⑭ 1年生において，幼児期の終わりまでに育ってほしい姿（幼稚園教育要領参照）を踏まえた指導を工夫している。

□ ⑮ 入学当初の指導に当たっては，例えばスタートカリキュラムを導入するなど接続を考えた指導をしている。

□ ⑯ 中学校音楽科の指導内容を理解し，その関連や接続を考えた指導計画を作成している。

【教育課程の実施と学習評価】

□ ⑰ 音楽科の見方・考え方が鍛えられるように
・知識を相互に関連付けてより深く理解する
・情報を精査して考えを形成する
・問題を見いだして解決策を考える
・思いや考えを基に創造する
ことを実施している。

□ ⑱ 音楽科においてもコンピュータや情報通信ネットワークなどの情報手段を活用した学習活動を位置付けている。

- □ ⑲ 音楽科においてもプログラミングを体験しながら，論理的思考力を身に付けるための学習活動を位置付けている。
- □ ⑳ 学習の見通しを立てたり学習したことを振り返ったりする活動を計画的に取り入れている。
- □ ㉑ 児童が自ら音楽科の学習課題や学習活動を選択する機会を設け，興味・関心を生かした自主的，自発的な学習ができるようにしている。
- □ ㉒ 学校図書館，地域の劇場，音楽堂等の施設の活用を図り，鑑賞等の学習活動の充実を図っている。
- □ ㉓ 音楽を学習する意義や価値が実感できるような学習評価の工夫をしている。

【児童の発達の支援】

- □ ㉔ 児童理解を深め，音楽科の学習指導と関連付けながら，生徒指導の充実を図っている。
- □ ㉕ 音楽科の特質に応じた，キャリア教育の充実を図っている。
- □ ㉖ 基礎的・基本的な知識及び技能の習得を含め，学習内容を確実に身に付けることができるように，個別学習，グループ別学習，繰り返し学習，習熟程度に応じた学習，興味・関心等に応じた課題学習などに取り組んでいる。
- □ ㉗ 専科教員と担任教員，学年の教員間など教師間の協力による指導体制を工夫し，個に応じた指導の充実を図っている。
- □ ㉘ 障害のある児童の指導に当たっては，個別の指導計画や個別の教育支援計画を踏まえ，障害の状況等に応じた指導内容や指導方法の工夫をしている。
- □ ㉙ 海外から帰国した児童については，外国における生活経験を生かすなどの適切な指導を行い，音楽科の授業においても学校生活への適応を図っている。
- □ ㉚ 不登校児童の指導については，個別の指導計画を作成するとと

もに，保護者とも連携を図っている。

【学校運営上の留意事項】

☐ ㉛ 音楽科の授業においても，自校の「いじめ防止基本方針」を踏まえた指導をしている。

☐ ㉜ 音楽科において，ゲストティーチャーや専門家など人的資源，楽器や資料などの物的資源を家庭や地域の人々の協力を得る工夫をしている。

☐ ㉝ 異学年，高齢者との交流，幼稚園や保育園との交流，中学校との交流などを通して協働している態度を育むようにしている。

【道徳教育に関する配慮事項】

☐ ㉞ 道徳教育の全体計画に音楽科の関連が位置付けられている。

☐ ㉟ 道徳科との関連が指導計画に位置付けられている。

☐ ㊱ 第1学年及び第2学年の指導に当たっては，挨拶などの基本的な生活習慣を身に付けること，善悪を判断し，してはならないことをしないこと，社会生活のきまりを守ることを音楽科の指導においても留意している。

☐ ㊲ 第3学年及び第4学年の指導に当たっては，善悪を判断し，正しいと判断したことを行うこと，身近な人々と協力し助け合うこと，集団や社会のきまりを守ることを音楽科の指導においても留意している。

☐ ㊳ 第5学年及び第6学年の指導に当たっては，相手の考え方や立場を理解して支え合うこと，法やきまりの意義を理解して進んで守ること，集団生活の充実に努めること，伝統や文化を尊重し，それらを育んできた我が国と郷土を愛するとともに，他国を尊重することを音楽科の指導においても留意している。

CHAPTER 4

従来の学習指導の発展として

┃	総論	66
❶	学習指導要領の歴史に学ぶ	69
❷	成果の上がっているものは大切に	76
❸	〈これまで〉を〈これから〉につなぐ	78

CHAPTER 4

総論

● 教育の営みは本来不易なもの

　全国の各小学校では2020年度から新しい教育課程による教育が全面的にスタートする予定になっています。その際に各学校が自校の教育課程の編成を行うに当たっての基準となるものは「学習指導要領」であり，今回告示されたものは，昭和22年に初めて〈試案〉として示された「第１次学習指導要領」から数えて８度目の改訂に当たる「第９次学習指導要領」ということになります。

　教育の営みはまさにその文字が表す〈教え育てる〉という意味において本来不易なものであります。

　平成18年，ほぼ60年ぶりに「教育基本法」が改正されました。この法律は日本国憲法の精神にのっとって，昭和22年に初めて公布されたものであり，教育の目的を明示して我が国の学校教育をはじめ，諸種の教育についての基本原理を規定しています。改正前の「教育基本法」の〈前文〉の末尾には，「ここに，日本国憲法の精神に則り，教育の目的を明示して，新しい日本の教育の基本を確立するため，この法律を制定する。」と示されています。改正後のものを見ると，その〈前文〉の末尾にも「ここに，我々は，日本国憲法の精神にのっとり，我が国の未来を切り拓く教育の基本を確立し，その振興を図るため，この法律を制定する。」とありますので，この法律の制定の意義に変更はなく，教育は法律的な流れの上から見ても連綿とした不易な営みであることを読み取ることができます。ただそ

の一方で改正後の「教育基本法」の文中には「未来を切り拓く」という文言が付加されていますので,そうしたところには60年余りの時の流れが象徴的に表れているのを感じます。

　人間社会は日進月歩を続けています。しかもその発展の度合いは著しさを増してきています。そのような時流の変化とともに社会全体として教育に求めてくるもの,さらには教育の力に寄せる期待感のポイントに多少の変化があっても不思議ではありません。そのようなことも視野に入れて,変動し続ける社会全体からの期待に応えるようにすることも,教育の果たすべき使命の一面であると言えます。

　近代国家としての日本国の成立に大きく貢献をしてきた教育は,本来もつ望ましい人間形成という使命を果たす傍らで,その時々に応じた役割をも担うことにより,社会の要請にこたえ続けてきましたし,これからもそうあり続けることになります。「学習指導要領」の改訂は,このようなこととの大きな関わりの中で行われるものであります。

●「学習指導要領」の改訂とは

　「学習指導要領」の改訂は,昭和22年から現在までにほぼ10年間隔で8回にわたって行われてきました。現行の「第8次学習指導要領」は平成20年に告示されています。世の中の変化や発展に伴う社会全体の改革の気運が,おおよそ10年ごとくらいのサイクルで高まってくるものなのでしょうか…。

　まず一般論としての〈改訂〉という言葉についてですが,そのもつ意味は辞書によれば「本の内容を改め直すこと」とあります。さらに〈改〉という字には「直す」「よくする」などの意味があるということですから〈改〉の字はおおむね「直してよくする」という意味で使われています。〈改良〉〈改装〉〈改築〉など,身近なところでも目に付く言葉が多くあります。「学習指導要領」の場合も,当然内容の改善を前提とした〈改訂〉であることは言うまでもありません。

次に「学習指導要領の改訂」それ自体に的を絞ります。ここで私たちが着目をして押さえておきたいのは，これが〈新出〉ではなく〈改訂〉であるということです。つまり，直しの対象になる元のものが存在するということであり，黒のものが白に変わってしまうような大きな変化はまず起こらないということです。「学習指導要領」が改訂になるといっても特別に難しい何かが起こるというわけではないので，必要以上に大上段に構えて受け止める必要はないのです。だからといって，「学習指導要領の改訂」を単なる現象把握程度の軽い意識でしか捉えないというのも困ります。仮に改訂になった中身が現行のものと大きく変わるところがなかったとしても，それはそれで〈なぜそうなのか…〉，新出事項が置かれているケースでは〈それは何を意味しているのか…〉というように，その真意を見極め直すという姿勢をもつことが大事です。

　〈改訂〉に対して必要以上に過敏に反応して神経をとがらせて構えてしまう様子を見受けることがありますが，そうしたことが，えてして小に先走って大を見逃してしまう結果に陥ることになってしまうのです。〈改訂〉の時期にはその趣旨を十分に理解した上で，新教育課程のスタートに向かって慎重に準備を進めるようにすることが大事です。今回の場合も2020年度からの新教育課程全面実施を迎えるまでには，まだ十分な時間の余裕がありますから，これまで行ってきた学習指導をベースに置いて新しい音楽科の指導計画をよりよく練り上げていくようにしましょう。

1

学習指導要領の歴史に学ぶ

(1) 産声を上げた「学習指導要領」

　明治5年にスタートした我が国の公教育は，時の流れを映しつつ幾度もの変遷を経ながら営々と実績を積み上げて今日に至っています。その間において教育制度の上で最も大きな変革があったのは，何と言っても昭和22年のことであります。

　昭和20年に太平洋戦争が我が国の敗戦によって終結し，日本の国全体が新たな時代を迎えることになりました。アメリカによる占領政策に従う中で，教育面でも昭和21年に発表された「アメリカ教育使節団報告書」の指示により，民主主義的な教育への衣替えが始まりました。当時の人々にとってこのときばかりは，それこそ黒が白に変わるような戸惑いを感じたであろうことが容易に想像できます。

　戦後，我が国の憲法も改められました。昭和21年11月3日には新しい「日本国憲法」が公布され，6か月後の昭和22年5月3日から施行されました。

　次いで昭和22年3月には日本国憲法の精神に基づいて「教育基本法」が制定されます。この法律の第1条で日本の新しい〈教育の目的〉が次のように示されました。

　「教育は，人格の完成をめざし，平和的な国家及び社会の形成者として，真理と正義を愛し，個人の価値をたつとび，勤労と責任を重んじ，自主的精神に充ちた心身ともに健康な国民の育成を期して行われなければな

らない。」

　前述のように，この法律は平成 18 年にほぼ 60 年ぶりに改正されました。ちなみに，「教育基本法」改正後の第 1 条〈教育の目的〉を見ると，次のように示されています。

　「教育は，人格の完成を目指し，平和で民主的な国家及び社会の形成者として必要な資質を備えた心身ともに健康な国民の育成を期して行われなければならない。」

　当初のものと比べてみると，当然のことながら我が国の教育の目的は，ベーシックな部分において不変であることが分かります。

　「教育基本法」に続いてこれに関連する諸法が次々に公示されますが，それらの中の「学校教育法施行規則」（昭和 22 年 5 月公布）の第 25 条に〈教育課程の基準〉として，

　「小学校の教育課程については，この節に定めるもののほか，教育課程の基準として文部大臣が別に公示する小学校学習指導要領によるものとする。」

　とあり，これに従って文部省（現在の文部科学省）が「学習指導要領」の作成を進めて刊行します。「学習指導要領」はこうした流れの中で生まれるべくして生まれたものなのです。

(2) 緩やかに脱皮を繰り返す「学習指導要領」

　70 年余り前に初めてつくられた「学習指導要領」は，〈一般編〉と〈教科編〉とに分けて刊行されました。その後ほぼ 10 年ごとの改訂を経て今日に至っているわけですが，この場でそれらの全てをつぶさにたどってみるだけの紙幅はありません。そこで，時の流れに沿いながら，その時々に現れている特徴的な部分について簡略に述べつつ，その横顔をのぞいてみることにします。

「第 1 次学習指導要領〈試案〉」（昭和 22 年）

戦後の混迷期に刊行された手引き書的な性格のものです。そのため，本文の中に説明文が記されていたり，巻末には教材一覧が掲載されていたりしています。今で言う学習指導要領の「本文」と「解説」と「指導資料」とが合体したような体裁になっています。記述の仕方は別として，内容的にはたいへんすばらしいものになっていて読み応えがあります。美的情操を養うことを強調していますが，音楽教育が情操教育のための手段としてあるのではなく，真に音楽を楽しめるようになることを目指して音楽教育を進めることにより，結果的におのずから情操も養われることになるという考え方の下に，音楽教育を音楽の本道に導いたことの意義は絶大であると言えます。

　学習領域的には「歌唱」「器楽」「鑑賞」「創作」に分けて第1学年から第9学年までが1冊にまとめられており，それらのうち第7学年から第9学年までの部分は中学校に相当するところになっています。

「第2次学習指導要領〈試案〉」（昭和26年）

　小学校用と中・高等学校用とが別々に刊行されています。「改訂版」と銘打って「第1次学習指導要領」の補完に努めているので〈試案〉とはいえ，内容的には充実度がぐっと高まっています。「歌唱」「器楽」「鑑賞」「創造的表現」「リズム反応」の五つの学習領域に分けて内容を示しています。

「第3次学習指導要領」（昭和33年）

　国家基準としての意味をもつ「告示」として示されるようになりました。これまで分冊だった〈一般編〉と〈教科編〉とを合わせて1冊にまとめられ，〈総則〉〈各教科〉〈道徳〉の三つの章立てになっています。

　音楽科の指導内容は「表現」と「鑑賞」の2領域に整理され，「表現」の中身はさらに「歌唱」「器楽」「創作」の3分野に分けて示されています。そしてその示し方も，〈試案〉のときに記されていた説明文や資料などは削除されて，別立ての出版物のほうに移されました。取り扱う教

材として目を引くのは，新たに「鑑賞共通教材」と「歌唱共通教材」が示されていることです。これは「目標」の冒頭に「音楽経験を豊かにし」とあり，音楽活動を実質的に盛んにしたいという願いの表れの一つとして捉えることができます。全体として，これまでの手引き書的な性格を帯びたものから脱却し，すっきりとしたものにまとまっています。

「第4次学習指導要領」（昭和43年）

　基礎指導を充実するという観点から，学習領域として新設の「基礎」が加えられ，「歌唱」「器楽」「創作」「鑑賞」とともに5領域に分けて内容が示されています。また，〈我が国の音楽〉に関する指導にも力点を置いていることが分かります。各領域ともきめ細かく，丁寧に記述されているのが目に付きます。

「第5次学習指導要領」（昭和52年）

　指導内容を精選集約するという観点から，学習領域を「表現」と「鑑賞」の2領域に戻して示しています。さらに，「表現」の中身は活動分野別に細分することなく，表現活動全体を大きな括りにして指導しやすくするように配慮されています。このことは学習指導において教師の創意工夫を生かしやすくするということをもねらっています。また，「各学年の目標」を，低・中・高の2学年ごとに括って示すようになりました。これも新しい顔の一つになっています。

　以降のものは基本的にこのスタイルでまとめられているので，「第5次学習指導要領」はいろいろな意味で昭和の大改訂に当たるものと言えます。

「第6次学習指導要領」（平成元年）

　基本的には「第5次学習指導要領」を踏襲しています。「目標」では「音楽に対する感性の育成」が強調され，「内容」では「創造的な音楽学習」が重視されています。また，「目標」や「内容」の面での小学校と中学

校との連続性・発展性が重視されています。

「第7次学習指導要領」（平成10年）

　基本的に「第6次学習指導要領」からの流れを汲みながらも，更に充実したものにまとめ上げられています。「目標」では「音楽を愛好する心情と音楽に対する感性を育てること」が最優先とされています。また，「各学年の目標及び内容」では，「目標」だけではなく「内容」のほうも低・中・高の2学年括りで示されています。これにより2年間をかけてじっくりと，スパイラルな形で音楽力を高めるようにする意図が鮮明になっています。「歌唱共通教材」の指導に関しては，授業時数の縮減との絡みもあるので，取り上げる曲数を少なくしてもよいことにし，「鑑賞共通教材」に関しては，各学校での自主的な取組にゆだねることにして設定を取りやめています。時数の縮減による若干の手詰まり感はあるものの，その分，むしろ精選された形で引き締まったよい顔になっています。

「第8次学習指導要領」（平成20年）

　「教科目標」の一字一句が第7次の「学習指導要領」のそれと変わっていません。したがって，当然指導内容も基本的には従前どおりになっています。

　音楽の活動を目的に沿ってしっかりと進める上で大事な関わりをもつ事柄を〔共通事項〕という形でまとめて見やすく示しているのが目に付きます。これによって，目指している方向がよく分かるすっきりとした音楽活動が活発に行われるようになりました。〈音楽づくり〉や〈我が国の音楽〉の指導にも引き続き力点が置かれています。

　今回の「第9次学習指導要領」の顔については，本書のCHAPTER1〜3の中で既に見えてきているので重複は避けますが，教科の目標を見ると，従来の考え方をベースに置きながらも，更に広く深い音楽活動

CHAPTER 4

❶ 学習指導要領の歴史に学ぶ

73

を通して人間性豊かな児童の育成を目指そうとする息吹のようなものが感じられて楽しくなります。また，各学年とも「協働して音楽活動をする楽しさを感じながら（第5・6学年は楽しさを味わいながら）」という文言が使われているのが目に留まります。音楽では協働でまとめ上げていく活動はごく普通に行われることですが，改めて文言として目標文の中に入れてあることには，大きな意義があると思います。教師の工夫や裁量によって，個のもつ力に応じて個を生かせる学習の場面が多くなるであろうことが期待できそうだからです。

　以上70年余りの間，緩やかに脱皮を繰り返しつつ，時流に即したガイドの役割も果たし，音楽科教育の心柱としてあり続けてきている「学習指導要領」の横顔を少しだけのぞいてみました。

(3) 過去と未来をつなぐ「学習指導要領」

　このようにほぼ10年ごとの改訂で化粧直しをしている「学習指導要領」ですが，それらの中の「教科目標」に改めて目を通してみると，よく目に留まる言葉がいくつかあるのに気付きます。例えば〈豊かな情操〉〈音楽を愛好する心情〉〈音楽に対する感性〉〈音楽活動の基礎的な能力〉などがそれです。

　言うまでもなく音楽科の「学習指導要領」の心柱は，これらのものが合わさって形づくられているわけです。無論，心柱の周辺にある支柱やそれに施される装飾などに相当する部分については，改訂の作業が進む中で若干の様変わりが見られることがありますが，それは音楽科教育が弛みなく成長を続けていることの証と見てよいわけであり，心柱そのものは不動であります。このようなことからしても，「学習指導要領の改訂」は過去を否定して新しいものに切り替えようとするものではないことが分かります。前述の言葉で言うならば黒が白に変わってしまうことはないということです。

　ただ，そのことよりもここで再度強調しておきたいのは，〈心柱は不

動である〉ということです。つまり，音楽科教育が目指すところは，ベーシックな部分において常に不変であるということです。少なくとも「学習指導要領」を基準にした音楽科教育がスタートしてからの 70 年余りはそうでありましたし，この先，将来にわたっても同じことであろうと思います。

　私たちはこうした長い時の流れの中の一齣において，音楽科教育における不動の理念をどのように受け止め，実際の音楽活動を通してどのような形で表していくのかを，学習指導を通した様々なパターンで具現化しようとしているわけであります。

　先人たちの残した貴重な実績を引き継いで自分の実践の中に生かし，更に醸成して未来の人たちに引き継いでいく。このことが「学習指導要領」の心柱を未来にわたって不動のものとしていくのであり，ひいては音楽科教育に揺るぎない未来をもたらすことになるのです。

　いずれにしても改訂することの意義は，〈これまであったものをよりよいものに手直しして，更なる発展につなげる〉というところにあるわけですから，これに対して必要以上に過大な反応をしすぎて，勇み足を踏むようなことがないように気を付けたいと思います。

　各々がこれまでの音楽活動の中で大切に積み上げてきたものを土台にしてじっくりと構え，新しく示された内容があれば，それをどう受け止め，それにどう取り組んでいくのか，また，少しでも幅広く豊かな音楽活動を体験するために必要な音楽力をどう育てるようにするのかという方策を，ゆっくりと考えるようにしたいと思います。

2

成果の上がっているものは大切に

● 音楽科教育としての全体像を保持

「学習指導要領」の改訂は，中央教育審議会の「答申」の意を体して
進められますが，前にも述べたように〈改訂〉を耳にすると，時には必
要以上に過大な反応を示すことがあるようです。その結果「いい」か「悪
い」かだけの単純な2極で判断をして先走ってしまったり，思考の傾向
が思い入れの強い方向のみに偏ってしまい，教科全体を見る目が甘く
なってバランスをくずすなどのことが往々にして見られたりするように
なります。

過去の経過を振り返ってみても，例えば第3次（昭和33年）での「共
通教材」の設定，第4次（昭和43年）での領域「基礎」の新設及びこ
の年以降における〈我が国の音楽〉についての指導の強化，第6次（平
成元年）での「音楽をつくって表現」する活動の導入などの際には，「突っ
走り派」と「無関心派」とに大きく分かれたりしたことがあり，その都
度混乱には陥らないまでも，一時的には音楽科教育全体のバランスがく
ずれかけそうになる様子がうかがえることもありました。

「第8次学習指導要領」（平成20年）を作成中の平成18年に「審議
会情報」として中央教育審議会の初等中等教育分科会教育課程部会から，
「音楽科，芸術科（音楽）の現状と課題，改善の方向性〈検討素案〉」が
公表された際にも，課題の中の一文に「歌唱の活動に偏る傾向」がある
ことや，特に「音楽づくり」と「鑑賞」の充実が求められていることが

発表されると，すぐに「先走り反応」が現れて揺れ動いたりしたことがあったものです。

〈改訂〉の内容を見据えて「告示」の中身を予測し，早くからゆっくりと心の準備にかかることは決して悪いことではありませんが，「歌を歌ったり，合唱をしたりすることは控えめにしよう」と短絡的に思ったり，「音楽づくり」や「鑑賞」の活動だけに目が吸い付いてしまい，そのことへの対応で血眼になるといったような考えが起きるようであれば，音楽科教育の活動そのものにアンバランスが生じる可能性が出てくるので，それは危険です。こうした傾向は大なり小なり〈改訂〉の度に現れることが多いので戒めるようにして，音楽科教育としての全体像をゆがみなく保持し続けるためのバランスの調整を常に心掛けておくようにしたいものです。そして，これまで続けてきた活動で成果を上げてきていたものについては，躊躇なくこれからも続けていくべきです。

とかく，あることの成果が上がると，それにつれてもっと伸ばしたいとか，更に深めたいとかいったような意欲が高まってきて，ついその活動一筋にのめり込んでいってしまうというようなことはよくあることです。先の「審議会情報」の指摘も，当然そのあたりのことを含めて言っていたものであったのだと考えられます。

現に成果の上がっている活動は，ぜひそのまま大切に育て続けていくと同時に，音楽科教育としての全体像をゆがみなく保持し続けるためのバランスの調整にも常に留意すべきであることを，再度願いたいと思います。

⟨これまで⟩を⟨これから⟩につなぐ

3

　この CHAPTER 4 では，従来の学習指導の延長線上に立ち，そこからの目線で「学習指導要領」の⟨これまで⟩をいくつかのポイントから見てきました。

　昭和 22 年に⟨試案⟩という形で示された「第 1 次学習指導要領」に始まり，平成 29 年に告示された「第 9 次学習指導要領」に至るまでの 70 年余りの間に刊行された，音楽科の「学習指導要領」の全てに目を通してみると，そこに刻み込まれている年輪にも似た風格のような重みがひしひしと伝わってきて，感慨深いものがありました。

　同時に，充実した姿に発展してきている音楽科教育の今があるのは，「学習指導要領」が発し続けてきた貴重なメッセージを十分に咀嚼した上で，そこに込められている真の意味を，違うことなく吸収して指導計画の作成や学習の場での指導において，目に見える形に具現化して表してきた，先人たちの努力の賜物であることと改めて思います。一見当たり前のようである⟨これまで⟩を⟨これから⟩につなげる好循環を，しっかりと意識の底に置いておくことの大切さを今更ながら強く感じたことでした。

　前にも述べたとおり，「第 5 次学習指導要領」（昭和 52 年）から「第 8 次学習指導要領」（平成 20 年）までの間は，ほぼ同じスタイルの「教科目標」の下で，地味ながら着実に音楽力を高めることに重点を置いた指導に専念してきたと言えます。⟨これまで⟩のその成果を更に伸ばし，広げ，深める方向を目指すのが今回における⟨これから⟩のメインテー

マになるのだろうと思います。じっくりと腰を据えて〈これまで〉を受け取ってほしいと思います。

「第9次学習指導要領」(平成29年)の教科目標を見てみると、ベーシックな部分では〈これまで〉をしっかりと継承していながらも、全体の構成、使われている文言等を含め、述べられている内容は音楽性の面で明らかに〈これまで〉を越えており、〈これから〉の音楽科教育の更なる充実、発展に対する期待が大きく膨らんでくる気持ちになります。この先も、受け継いだ貴重な財産としての〈これまで〉を、新しい〈これから〉にしっかりとつないでいってほしいと願っています。

最後に蛇足となりますが、平素「学習指導要領」絡みで一抹のもの足りなさを感じていることに一言触れて、この CHAPTER を終わることにします。

それというのは「年間指導計画」に関わることなのです。連綿と続いてきた音楽科教育の流れの中で、「第7次学習指導要領」(平成10年)以降の学年の「目標」も「内容」も、第1、第2学年(低)、第3、第4学年(中)、第5、第6学年(高)のように2学年を括った形で示されてきているのは既に承知のとおりです。

音楽科の学習では量的に数多くの知識をインプットするよりも、数は少なくとも質的に音楽を深めることを大事にすべきです。前者より後者のほうがはるかに多くの時間を要しますが、時間をかけてでもゆっくりと活動を繰り返していきたいのです。そうすることによって少しずつ音楽力が身に付き、高まってきます。「学年の目標」に沿い、示されている内容を2年間かけてじっくりと消化していけば、心の成長とあいまって自ずから豊かな音楽力が育ってくるはずです。音楽科の場合、学年の指導目標や指導内容が2学年を括って同じように示されている大きなねらいの一つは、そのあたりにあることを十分意識した上で、2年間を通した「学習指導計画」をしっかりと立案することが大切となります。このように2年間を通した「学習指導計画」の作成は「学習指導要領」の

文言の趣旨を生かす上でも，たいへん重要な役割を果たすことになってきます。

　私がもの足りなさを感じているのは，このポイントで〈2年間を見通した学習指導計画〉の作成にもっと実際的な工夫があってほしいと常々思っているからです。

　学年が一つ上がれば，子供たちは全ての面で成長をしますから，目標は前学年のものと同じであっても学習の材料としての楽曲教材等は，当然若干レベルの高いものを用意することになりましょう。（無論，前学年と同じ楽曲教材等を使ってでも，子供たちの1年間の成長に見合った学習内容を用意することはできますが）そのあたりの指導計画の立て方こそが教師としての腕の見せ所であり，創意工夫を最大限に生かした学習指導の醍醐味でもあります。そしてこれらのことにより，生き生きとした音楽学習が展開されることになるならば，「学習指導要領」作成の目的の一つである教育課程を編成するに際しての〈ガイドラインの提示〉という点においても，たいへん満足のいく結果となって表れることにもなります。

　このように同じ目的の活動を数多く繰り返して体験することによって，子供たちの音楽力が徐々に向上し，定着していく原動力として機能することにつながります。2学年を通して同じ目標をクリアするという大事な活動の充実を図るための学習指導計画の増強について一石を投じました。

　当面，授業時数は1年間で50時間（高学年）という考えから脱却して，2年間で100時間という考え方に徹し，柔軟性のある対応で音楽力を伸ばすためのアイディアを工夫し，今以上に実質的な成果が上がるようになることを期待しているところです。

資料

小学校学習指導要領
　第1章　総則 ……………………………………… **82**

小学校学習指導要領
　第2章　第6節　音楽 …………………………… **96**

中学校学習指導要領
　第2章　第5節　音楽 …………………………… **111**

小学校 総則

小学校 音楽

中学校 音楽

小学校学習指導要領

第1章　総則

第1　小学校教育の基本と教育課程の役割

1　各学校においては，教育基本法及び学校教育法その他の法令並びにこの
章以下に示すところに従い，児童の人間として調和のとれた育成を目指し，
児童の心身の発達の段階や特性及び学校や地域の実態を十分考慮して，適
切な教育課程を編成するものとし，これらに掲げる目標を達成するよう教
育を行うものとする。

2　学校の教育活動を進めるに当たっては，各学校において，第3の1に示
す主体的・対話的で深い学びの実現に向けた授業改善を通して，創意工夫
を生かした特色ある教育活動を展開する中で，次の(1)から(3)までに掲げ
る事項の実現を図り，児童に生きる力を育むことを目指すものとする。

(1)　基礎的・基本的な知識及び技能を確実に習得させ，これらを活用し
て課題を解決するために必要な思考力，判断力，表現力等を育むととも
に，主体的に学習に取り組む態度を養い，個性を生かし多様な人々との
協働を促す教育の充実に努めること。その際，児童の発達の段階を考
慮して，児童の言語活動など，学習の基盤をつくる活動を充実するとと
もに，家庭との連携を図りながら，児童の学習習慣が確立するよう配慮
すること。

(2)　道徳教育や体験活動，多様な表現や鑑賞の活動等を通して，豊かな
心や創造性の涵養を目指した教育の充実に努めること。

学校における道徳教育は，特別の教科である道徳（以下「道徳科」
という。）を要として学校の教育活動全体を通じて行うものであり，道
徳科はもとより，各教科，外国語活動，総合的な学習の時間及び特別

活動のそれぞれの特質に応じて，児童の発達の段階を考慮して，適切な指導を行うこと。

道徳教育は，教育基本法及び学校教育法に定められた教育の根本精神に基づき，自己の生き方を考え，主体的な判断の下に行動し，自立した人間として他者と共によりよく生きるための基盤となる道徳性を養うことを目標とすること。

道徳教育を進めるに当たっては，人間尊重の精神と生命に対する畏敬の念を家庭，学校，その他社会における具体的な生活の中に生かし，豊かな心をもち，伝統と文化を尊重し，それらを育んできた我が国と郷土を愛し，個性豊かな文化の創造を図るとともに，平和で民主的な国家及び社会の形成者として，公共の精神を尊び，社会及び国家の発展に努め，他国を尊重し，国際社会の平和と発展や環境の保全に貢献し未来を拓く主体性のある日本人の育成に資することとなるよう特に留意すること。

(3)　学校における体育・健康に関する指導を，児童の発達の段階を考慮して，学校の教育活動全体を通じて適切に行うことにより，健康で安全な生活と豊かなスポーツライフの実現を目指した教育の充実に努めること。特に，学校における食育の推進並びに体力の向上に関する指導，安全に関する指導及び心身の健康の保持増進に関する指導については，体育科，家庭科及び特別活動の時間はもとより，各教科，道徳科，外国語活動及び総合的な学習の時間などにおいてもそれぞれの特質に応じて適切に行うよう努めること。また，それらの指導を通して，家庭や地域社会との連携を図りながら，日常生活において適切な体育・健康に関する活動の実践を促し，生涯を通じて健康・安全で活力ある生活を送るための基礎が培われるよう配慮すること。

3　2の(1)から(3)までに掲げる事項の実現を図り，豊かな創造性を備え持続可能な社会の創り手となることが期待される児童に，生きる力を育むことを目指すに当たっては，学校教育全体並びに各教科，道徳科，外国語活

動，総合的な学習の時間及び特別活動（以下「各教科等」という。ただし，第2の3の(2)のア及びウにおいて，特別活動については学級活動（学校給食に係るものを除く。）に限る。）の指導を通してどのような資質・能力の育成を目指すのかを明確にしながら，教育活動の充実を図るものとする。その際，児童の発達の段階や特性等を踏まえつつ，次に掲げることが偏りなく実現できるようにするものとする。

（1） 知識及び技能が習得されるようにすること。

（2） 思考力，判断力，表現力等を育成すること。

（3） 学びに向かう力，人間性等を涵養すること。

4 各学校においては，児童や学校，地域の実態を適切に把握し，教育の目的や目標の実現に必要な教育の内容等を教科等横断的な視点で組み立てていくこと，教育課程の実施状況を評価してその改善を図っていくこと，教育課程の実施に必要な人的又は物的な体制を確保するとともにその改善を図っていくことなどを通して，教育課程に基づき組織的かつ計画的に各学校の教育活動の質の向上を図っていくこと（以下「カリキュラム・マネジメント」という。）に努めるものとする。

第2 教育課程の編成

1 各学校の教育目標と教育課程の編成

教育課程の編成に当たっては，学校教育全体や各教科等における指導を通して育成を目指す資質・能力を踏まえつつ，各学校の教育目標を明確にするとともに，教育課程の編成についての基本的な方針が家庭や地域とも共有されるよう努めるものとする。その際，第5章総合的な学習の時間の第2の1に基づき定められる目標との関連を図るものとする。

2 教科等横断的な視点に立った資質・能力の育成

（1） 各学校においては，児童の発達の段階を考慮し，言語能力，情報活用能力（情報モラルを含む。），問題発見・解決能力等の学習の基盤となる資質・能力を育成していくことができるよう，各教科等の特質を生か

し，教科等横断的な視点から教育課程の編成を図るものとする。

（2）　各学校においては，児童や学校，地域の実態及び児童の発達の段階を考慮し，豊かな人生の実現や災害等を乗り越えて次代の社会を形成することに向けた現代的な諸課題に対応して求められる資質・能力を，教科等横断的な視点で育成していくことができるよう，各学校の特色を生かした教育課程の編成を図るものとする。

3　教育課程の編成における共通的事項

（1）　内容等の取扱い

　　ア　第2章以下に示す各教科，道徳科，外国語活動及び特別活動の内容に関する事項は，特に示す場合を除き，いずれの学校においても取り扱わなければならない。

　　イ　学校において特に必要がある場合には，第2章以下に示していない内容を加えて指導することができる。また，第2章以下に示す内容の取扱いのうち内容の範囲や程度等を示す事項は，全ての児童に対して指導するものとする内容の範囲や程度等を示したものであり，学校において特に必要がある場合には，この事項にかかわらず加えて指導することができる。ただし，これらの場合には，第2章以下に示す各教科，道徳科，外国語活動及び特別活動の目標や内容の趣旨を逸脱したり，児童の負担過重となったりすることのないようにしなければならない。

　　ウ　第2章以下に示す各教科，道徳科，外国語活動及び特別活動の内容に掲げる事項の順序は，特に示す場合を除き，指導の順序を示すものではないので，学校においては，その取扱いについて適切な工夫を加えるものとする。

　　エ　学年の内容を2学年まとめて示した教科及び外国語活動の内容は，2学年間かけて指導する事項を示したものである。各学校においては，これらの事項を児童や学校，地域の実態に応じ，2学年間を見通して計画的に指導することとし，特に示す場合を除き，いずれかの学

年に分けて，又はいずれの学年においても指導するものとする。

オ　学校において2以上の学年の児童で編制する学級について特に必要がある場合には，各教科及び道徳科の目標の達成に支障のない範囲内で，各教科及び道徳科の目標及び内容について学年別の順序によらないことができる。

カ　道徳科を要として学校の教育活動全体を通じて行う道徳教育の内容は，第3章特別の教科道徳の第2に示す内容とし，その実施に当たっては，第6に示す道徳教育に関する配慮事項を踏まえるものとする。

(2)　授業時数等の取扱い

ア　各教科等の授業は，年間35週（第1学年については34週）以上にわたって行うよう計画し，週当たりの授業時数が児童の負担過重にならないようにするものとする。ただし，各教科等や学習活動の特質に応じ効果的な場合には，夏季，冬季，学年末等の休業日の期間に授業日を設定する場合を含め，これらの授業を特定の期間に行うことができる。

イ　特別活動の授業のうち，児童会活動，クラブ活動及び学校行事については，それらの内容に応じ，年間，学期ごと，月ごとなどに適切な授業時数を充てるものとする。

ウ　各学校の時間割については，次の事項を踏まえ適切に編成するものとする。

（ア）　各教科等のそれぞれの授業の1単位時間は，各学校において，各教科等の年間授業時数を確保しつつ，児童の発達の段階及び各教科等や学習活動の特質を考慮して適切に定めること。

（イ）　各教科等の特質に応じ，10分から15分程度の短い時間を活用して特定の教科等の指導を行う場合において，教師が，単元や題材など内容や時間のまとまりを見通した中で，その指導内容の決定や指導の成果の把握と活用等を責任を持って行う体制が整備されているときは，その時間を当該教科等の年間授業時数に含め

ることができること。

（ウ） 給食，休憩などの時間については，各学校において工夫を加え，適切に定めること。

（エ） 各学校において，児童や学校，地域の実態，各教科等や学習活動の特質等に応じて，創意工夫を生かした時間割を弾力的に編成できること。

エ 総合的な学習の時間における学習活動により，特別活動の学校行事に掲げる各行事の実施と同様の成果が期待できる場合においては，総合的な学習の時間における学習活動をもって相当する特別活動の学校行事に掲げる各行事の実施に替えることができる。

(3) 指導計画の作成等に当たっての配慮事項

各学校においては，次の事項に配慮しながら，学校の創意工夫を生かし，全体として，調和のとれた具体的な指導計画を作成するものとする。

ア 各教科等の指導内容については，(1)のアを踏まえつつ，単元や題材など内容や時間のまとまりを見通しながら，そのまとめ方や重点の置き方に適切な工夫を加え，第3の1に示す主体的・対話的で深い学びの実現に向けた授業改善を通して資質・能力を育む効果的な指導ができるようにすること。

イ 各教科等及び各学年相互間の関連を図り，系統的，発展的な指導ができるようにすること。

ウ 学年の内容を2学年まとめて示した教科及び外国語活動については，当該学年間を見通して，児童や学校，地域の実態に応じ，児童の発達の段階を考慮しつつ，効果的，段階的に指導するようにすること。

エ 児童の実態等を考慮し，指導の効果を高めるため，児童の発達の段階や指導内容の関連性等を踏まえつつ，合科的・関連的な指導を進めること。

4 学校段階等間の接続

教育課程の編成に当たっては，次の事項に配慮しながら，学校段階等間

の接続を図るものとする。

（1）　幼児期の終わりまでに育ってほしい姿を踏まえた指導を工夫することにより，幼稚園教育要領等に基づく幼児期の教育を通して育まれた資質・能力を踏まえて教育活動を実施し，児童が主体的に自己を発揮しながら学びに向かうことが可能となるようにすること。

　　　また，低学年における教育全体において，例えば生活科において育成する自立し生活を豊かにしていくための資質・能力が，他教科等の学習においても生かされるようにするなど，教科等間の関連を積極的に図り，幼児期の教育及び中学年以降の教育との円滑な接続が図られるよう工夫すること。特に，小学校入学当初においては，幼児期において自発的な活動としての遊びを通して育まれてきたことが，各教科等における学習に円滑に接続されるよう，生活科を中心に，合科的・関連的な指導や弾力的な時間割の設定など，指導の工夫や指導計画の作成を行うこと。

（2）　中学校学習指導要領及び高等学校学習指導要領を踏まえ，中学校教育及びその後の教育との円滑な接続が図られるよう工夫すること。特に，義務教育学校，中学校連携型小学校及び中学校併設型小学校においては，義務教育9年間を見通した計画的かつ継続的な教育課程を編成すること。

第3　教育課程の実施と学習評価

1　主体的・対話的で深い学びの実現に向けた授業改善

　各教科等の指導に当たっては，次の事項に配慮するものとする。

（1）　第1の3の（1）から（3）までに示すことが偏りなく実現されるよう，単元や題材など内容や時間のまとまりを見通しながら，児童の主体的・対話的で深い学びの実現に向けた授業改善を行うこと。

　　　特に，各教科等において身に付けた知識及び技能を活用したり，思考力，判断力，表現力等や学びに向かう力，人間性等を発揮させたりし

て，学習の対象となる物事を捉え思考することにより，各教科等の特質に応じた物事を捉える視点や考え方（以下「見方・考え方」という。）が鍛えられていくことに留意し，児童が各教科等の特質に応じた見方・考え方を働かせながら，知識を相互に関連付けてより深く理解したり，情報を精査して考えを形成したり，問題を見いだして解決策を考えたり，思いや考えを基に創造したりすることに向かう過程を重視した学習の充実を図ること。

(2) 第2の2の(1)に示す言語能力の育成を図るため，各学校において必要な言語環境を整えるとともに，国語科を要としつつ各教科等の特質に応じて，児童の言語活動を充実すること。あわせて，(7)に示すとおり読書活動を充実すること。

(3) 第2の2の(1)に示す情報活用能力の育成を図るため，各学校において，コンピュータや情報通信ネットワークなどの情報手段を活用するために必要な環境を整え，これらを適切に活用した学習活動の充実を図ること。また，各種の統計資料や新聞，視聴覚教材や教育機器などの教材・教具の適切な活用を図ること。

　あわせて，各教科等の特質に応じて，次の学習活動を計画的に実施すること。

ア　児童がコンピュータで文字を入力するなどの学習の基盤として必要となる情報手段の基本的な操作を習得するための学習活動

イ　児童がプログラミングを体験しながら，コンピュータに意図した処理を行わせるために必要な論理的思考力を身に付けるための学習活動

(4) 児童が学習の見通しを立てたり学習したことを振り返ったりする活動を，計画的に取り入れるように工夫すること。

(5) 児童が生命の有限性や自然の大切さ，主体的に挑戦してみることや多様な他者と協働することの重要性などを実感しながら理解することができるよう，各教科等の特質に応じた体験活動を重視し，家庭や地

域社会と連携しつつ体系的・継続的に実施できるよう工夫すること。

(6) 児童が自ら学習課題や学習活動を選択する機会を設けるなど，児童の興味・関心を生かした自主的，自発的な学習が促されるよう工夫すること。

(7) 学校図書館を計画的に利用しその機能の活用を図り，児童の主体的・対話的で深い学びの実現に向けた授業改善に生かすとともに，児童の自主的，自発的な学習活動や読書活動を充実すること。また，地域の図書館や博物館，美術館，劇場，音楽堂等の施設の活用を積極的に図り，資料を活用した情報の収集や鑑賞等の学習活動を充実すること。

2 学習評価の充実

　学習評価の実施に当たっては，次の事項に配慮するものとする。

(1) 児童のよい点や進歩の状況などを積極的に評価し，学習したことの意義や価値を実感できるようにすること。また，各教科等の目標の実現に向けた学習状況を把握する観点から，単元や題材など内容や時間のまとまりを見通しながら評価の場面や方法を工夫して，学習の過程や成果を評価し，指導の改善や学習意欲の向上を図り，資質・能力の育成に生かすようにすること。

(2) 創意工夫の中で学習評価の妥当性や信頼性が高められるよう，組織的かつ計画的な取組を推進するとともに，学年や学校段階を越えて児童の学習の成果が円滑に接続されるように工夫すること。

第4 児童の発達の支援

1 児童の発達を支える指導の充実

　教育課程の編成及び実施に当たっては，次の事項に配慮するものとする。

(1) 学習や生活の基盤として，教師と児童との信頼関係及び児童相互のよりよい人間関係を育てるため，日頃から学級経営の充実を図ること。また，主に集団の場面で必要な指導や援助を行うガイダンスと，個々の児童の多様な実態を踏まえ，一人一人が抱える課題に個別に対応した

指導を行うカウンセリングの双方により，児童の発達を支援すること。

　あわせて，小学校の低学年，中学年，高学年の学年の時期の特長を
生かした指導の工夫を行うこと。

（2）　児童が，自己の存在感を実感しながら，よりよい人間関係を形成し，
有意義で充実した学校生活を送る中で，現在及び将来における自己実
現を図っていくことができるよう，児童理解を深め，学習指導と関連付
けながら，生徒指導の充実を図ること。

（3）　児童が，学ぶことと自己の将来とのつながりを見通しながら，社会的・
職業的自立に向けて必要な基盤となる資質・能力を身に付けていくこと
ができるよう，特別活動を要としつつ各教科等の特質に応じて，キャリ
ア教育の充実を図ること。

（4）　児童が，基礎的・基本的な知識及び技能の習得も含め，学習内容を
確実に身に付けることができるよう，児童や学校の実態に応じ，個別学
習やグループ別学習，繰り返し学習，学習内容の習熟の程度に応じた学
習，児童の興味・関心等に応じた課題学習，補充的な学習や発展的な
学習などの学習活動を取り入れることや，教師間の協力による指導体制
を確保することなど，指導方法や指導体制の工夫改善により，個に応じ
た指導の充実を図ること。その際，第3の1の（3）に示す情報手段や教
材・教具の活用を図ること。

2　特別な配慮を必要とする児童への指導

（1）　障害のある児童などへの指導

　ア　障害のある児童などについては，特別支援学校等の助言又は援助
を活用しつつ，個々の児童の障害の状態等に応じた指導内容や指導
方法の工夫を組織的かつ計画的に行うものとする。

　イ　特別支援学級において実施する特別の教育課程については，次の
とおり編成するものとする。

　（ア）　障害による学習上又は生活上の困難を克服し自立を図るため，
特別支援学校小学部・中学部学習指導要領第7章に示す自立活

動を取り入れること。

（イ） 児童の障害の程度や学級の実態等を考慮の上，各教科の目標や内容を下学年の教科の目標や内容に替えたり，各教科を，知的障害者である児童に対する教育を行う特別支援学校の各教科に替えたりするなどして，実態に応じた教育課程を編成すること。

ウ 障害のある児童に対して，通級による指導を行い，特別の教育課程を編成する場合には，特別支援学校小学部・中学部学習指導要領第7章に示す自立活動の内容を参考とし，具体的な目標や内容を定め，指導を行うものとする。その際，効果的な指導が行われるよう，各教科等と通級による指導との関連を図るなど，教師間の連携に努めるものとする。

エ 障害のある児童などについては，家庭，地域及び医療や福祉，保健，労働等の業務を行う関係機関との連携を図り，長期的な視点で児童への教育的支援を行うために，個別の教育支援計画を作成し活用することに努めるとともに，各教科等の指導に当たって，個々の児童の実態を的確に把握し，個別の指導計画を作成し活用することに努めるものとする。特に，特別支援学級に在籍する児童や通級による指導を受ける児童については，個々の児童の実態を的確に把握し，個別の教育支援計画や個別の指導計画を作成し，効果的に活用するものとする。

(2) 海外から帰国した児童などの学校生活への適応や，日本語の習得に困難のある児童に対する日本語指導

ア 海外から帰国した児童などについては，学校生活への適応を図るとともに，外国における生活経験を生かすなどの適切な指導を行うものとする。

イ 日本語の習得に困難のある児童については，個々の児童の実態に応じた指導内容や指導方法の工夫を組織的かつ計画的に行うものとする。特に，通級による日本語指導については，教師間の連携に努め，

指導についての計画を個別に作成することなどにより，効果的な指導に努めるものとする。

（3）不登校児童への配慮

ア　不登校児童については，保護者や関係機関と連携を図り，心理や福祉の専門家の助言又は援助を得ながら，社会的自立を目指す観点から，個々の児童の実態に応じた情報の提供その他の必要な支援を行うものとする。

イ　相当の期間小学校を欠席し引き続き欠席すると認められる児童を対象として，文部科学大臣が認める特別の教育課程を編成する場合には，児童の実態に配慮した教育課程を編成するとともに，個別学習やグループ別学習など指導方法や指導体制の工夫改善に努めるものとする。

第5　学校運営上の留意事項

1　教育課程の改善と学校評価等

ア　各学校においては，校長の方針の下に，校務分掌に基づき教職員が適切に役割を分担しつつ，相互に連携しながら，各学校の特色を生かしたカリキュラム・マネジメントを行うよう努めるものとする。また，各学校が行う学校評価については，教育課程の編成，実施，改善が教育活動や学校運営の中核となることを踏まえ，カリキュラム・マネジメントと関連付けながら実施するよう留意するものとする。

イ　教育課程の編成及び実施に当たっては，学校保健計画，学校安全計画，食に関する指導の全体計画，いじめの防止等のための対策に関する基本的な方針など，各分野における学校の全体計画等と関連付けながら，効果的な指導が行われるように留意するものとする。

2　家庭や地域社会との連携及び協働と学校間の連携

教育課程の編成及び実施に当たっては，次の事項に配慮するものとする。

ア　学校がその目的を達成するため，学校や地域の実態等に応じ，教

育活動の実施に必要な人的又は物的な体制を家庭や地域の人々の協力を得ながら整えるなど，家庭や地域社会との連携及び協働を深めること。また，高齢者や異年齢の子供など，地域における世代を越えた交流の機会を設けること。

イ　他の小学校や，幼稚園，認定こども園，保育所，中学校，高等学校，特別支援学校などとの間の連携や交流を図るとともに，障害のある幼児児童生徒との交流及び共同学習の機会を設け，共に尊重し合いながら協働して生活していく態度を育むようにすること。

第6　道徳教育に関する配慮事項

道徳教育を進めるに当たっては，道徳教育の特質を踏まえ，前項までに示す事項に加え，次の事項に配慮するものとする。

1　各学校においては，第1の2の(2)に示す道徳教育の目標を踏まえ，道徳教育の全体計画を作成し，校長の方針の下に，道徳教育の推進を主に担当する教師（以下「道徳教育推進教師」という。）を中心に，全教師が協力して道徳教育を展開すること。なお，道徳教育の全体計画の作成に当たっては，児童や学校，地域の実態を考慮して，学校の道徳教育の重点目標を設定するとともに，道徳科の指導方針，第3章特別の教科道徳の第2に示す内容との関連を踏まえた各教科，外国語活動，総合的な学習の時間及び特別活動における指導の内容及び時期並びに家庭や地域社会との連携の方法を示すこと。

2　各学校においては，児童の発達の段階や特性等を踏まえ，指導内容の重点化を図ること。その際，各学年を通じて，自立心や自律性，生命を尊重する心や他者を思いやる心を育てることに留意すること。また，各学年段階においては，次の事項に留意すること。

(1)　第1学年及び第2学年においては，挨拶などの基本的な生活習慣を身に付けること，善悪を判断し，してはならないことをしないこと，社会生活上のきまりを守ること。

（2）　第3学年及び第4学年においては，善悪を判断し，正しいと判断した
ことを行うこと，身近な人々と協力し助け合うこと，集団や社会のきま
りを守ること。

（3）　第5学年及び第6学年においては，相手の考え方や立場を理解して
支え合うこと，法やきまりの意義を理解して進んで守ること，集団生活
の充実に努めること，伝統と文化を尊重し，それらを育んできた我が国
と郷土を愛するとともに，他国を尊重すること。

3　学校や学級内の人間関係や環境を整えるとともに，集団宿泊活動やボラ
ンティア活動，自然体験活動，地域の行事への参加などの豊かな体験を充
実すること。また，道徳教育の指導内容が，児童の日常生活に生かされる
ようにすること。その際，いじめの防止や安全の確保等にも資することとな
るよう留意すること。

4　学校の道徳教育の全体計画や道徳教育に関する諸活動などの情報を積極
的に公表したり，道徳教育の充実のために家庭や地域の人々の積極的な参
加や協力を得たりするなど，家庭や地域社会との共通理解を深め，相互の
連携を図ること。

資料

小学校 総則

小学校 音楽

中学校 音楽

小学校学習指導要領

第2章　第6節　音楽

第1　目　標

　表現及び鑑賞の活動を通して，音楽的な見方・考え方を働かせ，生活や社会の中の音や音楽と豊かに関わる資質・能力を次のとおり育成することを目指す。

(1)　曲想と音楽の構造などとの関わりについて理解するとともに，表したい音楽表現をするために必要な技能を身に付けるようにする。

(2)　音楽表現を工夫することや，音楽を味わって聴くことができるようにする。

(3)　音楽活動の楽しさを体験することを通して，音楽を愛好する心情と音楽に対する感性を育むとともに，音楽に親しむ態度を養い，豊かな情操を培う。

第2　各学年の目標及び内容

〔第1学年及び第2学年〕

1　目　標

(1)　曲想と音楽の構造などとの関わりについて気付くとともに，音楽表現を楽しむために必要な歌唱，器楽，音楽づくりの技能を身に付けるようにする。

(2)　音楽表現を考えて表現に対する思いをもつことや，曲や演奏の楽しさを見いだしながら音楽を味わって聴くことができるようにする。

(3)　楽しく音楽に関わり，協働して音楽活動をする楽しさを感じながら，身の回りの様々な音楽に親しむとともに，音楽経験を生かして生活を明るく潤いのあるものにしようとする態度を養う。

2 内 容

A 表 現

(1) 歌唱の活動を通して，次の事項を身に付けることができるよう指導する。

ア 歌唱表現についての知識や技能を得たり生かしたりしながら，曲想を感じ取って表現を工夫し，どのように歌うかについて思いをもつこと。

イ 曲想と音楽の構造との関わり，曲想と歌詞の表す情景や気持ちとの関わりについて気付くこと。

ウ 思いに合った表現をするために必要な次の(ア)から(ウ)までの技能を身に付けること。

(ア) 範唱を聴いて歌ったり，階名で模唱したり暗唱したりする技能

(イ) 自分の歌声及び発音に気を付けて歌う技能

(ウ) 互いの歌声や伴奏を聴いて，声を合わせて歌う技能

(2) 器楽の活動を通して，次の事項を身に付けることができるよう指導する。

ア 器楽表現についての知識や技能を得たり生かしたりしながら，曲想を感じ取って表現を工夫し，どのように演奏するかについて思いをもつこと。

イ 次の(ア)及び(イ)について気付くこと。

(ア) 曲想と音楽の構造との関わり

(イ) 楽器の音色と演奏の仕方との関わり

ウ 思いに合った表現をするために必要な次の(ア)から(ウ)までの技能を身に付けること。

(ア) 範奏を聴いたり，リズム譜などを見たりして演奏する技能

(イ) 音色に気を付けて，旋律楽器及び打楽器を演奏する技能

(ウ) 互いの楽器の音や伴奏を聴いて，音を合わせて演奏する技能

(3) 音楽づくりの活動を通して，次の事項を身に付けることができるよう指導する。

ア 音楽づくりについての知識や技能を得たり生かしたりしながら，次

資料

小学校 総則

小学校 音楽

中学校 音楽

の(ア)及び(イ)をできるようにすること。

(ア) 音遊びを通して，音楽づくりの発想を得ること。

(イ) どのように音を音楽にしていくかについて思いをもつこと。

イ 次の(ア)及び(イ)について，それらが生み出す面白さなどと関わらせて気付くこと。

(ア) 声や身の回りの様々な音の特徴

(イ) 音やフレーズのつなげ方の特徴

ウ 発想を生かした表現や，思いに合った表現をするために必要な次の(ア)及び(イ)の技能を身に付けること。

(ア) 設定した条件に基づいて，即興的に音を選んだりつなげたりして表現する技能

(イ) 音楽の仕組みを用いて，簡単な音楽をつくる技能

B 鑑賞

(1) 鑑賞の活動を通して，次の事項を身に付けることができるよう指導する。

ア 鑑賞についての知識を得たり生かしたりしながら，曲や演奏の楽しさを見いだし，曲全体を味わって聴くこと。

イ 曲想と音楽の構造との関わりについて気付くこと。

〔共通事項〕

(1) 「A表現」及び「B鑑賞」の指導を通して，次の事項を身に付けることができるよう指導する。

ア 音楽を形づくっている要素を聴き取り，それらの働きが生み出すよさや面白さ，美しさを感じ取りながら，聴き取ったことと感じ取ったこととの関わりについて考えること。

イ 音楽を形づくっている要素及びそれらに関わる身近な音符，休符，記号や用語について，音楽における働きと関わらせて理解すること。

3 内容の取扱い

(1) 歌唱教材は次に示すものを取り扱う。

ア　主となる歌唱教材については，各学年ともイの共通教材を含めて，斉唱及び輪唱で歌う曲

　イ　共通教材

〔第1学年〕

　　「うみ」　　　　　　（文部省唱歌）　林　柳波 作詞　井上武士 作曲

　　「かたつむり」　　　（文部省唱歌）

　　「日のまる」　　　　（文部省唱歌）　高野辰之 作詞　岡野貞一 作曲

　　「ひらいたひらいた」（わらべうた）

〔第2学年〕

　　「かくれんぼ」　　　（文部省唱歌）　林　柳波 作詞　下総皖一 作曲

　　「春がきた」　　　　（文部省唱歌）　高野辰之 作詞　岡野貞一 作曲

　　「虫のこえ」　　　　（文部省唱歌）

　　「夕やけこやけ」　　中村雨紅 作詞　草川　信 作曲

(2)　主となる器楽教材については，既習の歌唱教材を含め，主旋律に簡単なリズム伴奏や低声部などを加えた曲を取り扱う。

(3)　鑑賞教材は次に示すものを取り扱う。

　　ア　我が国及び諸外国のわらべうたや遊びうた，行進曲や踊りの音楽など体を動かすことの快さを感じ取りやすい音楽，日常の生活に関連して情景を思い浮かべやすい音楽など，いろいろな種類の曲

　　イ　音楽を形づくっている要素の働きを感じ取りやすく，親しみやすい曲

　　ウ　楽器の音色や人の声の特徴を捉えやすく親しみやすい，いろいろな演奏形態による曲

〔第3学年及び第4学年〕

1　目　標

(1)　曲想と音楽の構造などとの関わりについて気付くとともに，表したい音楽表現をするために必要な歌唱，器楽，音楽づくりの技能を身に付けるようにする。

(2) 音楽表現を考えて表現に対する思いや意図をもつことや，曲や演奏の
よさなどを見いだしながら音楽を味わって聴くことができるようにする。

(3) 進んで音楽に関わり，協働して音楽活動をする楽しさを感じながら，
様々な音楽に親しむとともに，音楽経験を生かして生活を明るく潤いの
あるものにしようとする態度を養う。

2 内 容

A 表 現

(1) 歌唱の活動を通して，次の事項を身に付けることができるよう指導する。

ア 歌唱表現についての知識や技能を得たり生かしたりしながら，曲の
特徴を捉えた表現を工夫し，どのように歌うかについて思いや意図を
もつこと。

イ 曲想と音楽の構造や歌詞の内容との関わりについて気付くこと。

ウ 思いや意図に合った表現をするために必要な次の(ア)から(ウ)まで
の技能を身に付けること。

(ア) 範唱を聴いたり，ハ長調の楽譜を見たりして歌う技能

(イ) 呼吸及び発音の仕方に気を付けて，自然で無理のない歌い方で
歌う技能

(ウ) 互いの歌声や副次的な旋律，伴奏を聴いて，声を合わせて歌う
技能

(2) 器楽の活動を通して，次の事項を身に付けることができるよう指導する。

ア 器楽表現についての知識や技能を得たり生かしたりしながら，曲
の特徴を捉えた表現を工夫し，どのように演奏するかについて思い
や意図をもつこと。

イ 次の(ア)及び(イ)について気付くこと。

(ア) 曲想と音楽の構造との関わり

(イ) 楽器の音色や響きと演奏の仕方との関わり

ウ 思いや意図に合った表現をするために必要な次の(ア)から(ウ)まで
の技能を身に付けること。

(ｱ)　範奏を聴いたり，ハ長調の楽譜を見たりして演奏する技能

　　　(ｲ)　音色や響きに気を付けて，旋律楽器及び打楽器を演奏する技能

　　　(ｳ)　互いの楽器の音や副次的な旋律，伴奏を聴いて，音を合わせて
　　　　　演奏する技能

　(3)　音楽づくりの活動を通して，次の事項を身に付けることができるよう
　　　指導する。

　　　ア　音楽づくりについての知識や技能を得たり生かしたりしながら，次
　　　　　の(ｱ)及び(ｲ)をできるようにすること。

　　　　(ｱ)　即興的に表現することを通して，音楽づくりの発想を得ること。

　　　　(ｲ)　音を音楽へと構成することを通して，どのようにまとまりを意
　　　　　　識した音楽をつくるかについて思いや意図をもつこと。

　　　イ　次の(ｱ)及び(ｲ)について，それらが生み出すよさや面白さなどと
　　　　　関わらせて気付くこと。

　　　　(ｱ)　いろいろな音の響きやそれらの組合せの特徴

　　　　(ｲ)　音やフレーズのつなげ方や重ね方の特徴

　　　ウ　発想を生かした表現や，思いや意図に合った表現をするために必
　　　　　要な次の(ｱ)及び(ｲ)の技能を身に付けること。

　　　　(ｱ)　設定した条件に基づいて，即興的に音を選択したり組み合わせ
　　　　　　たりして表現する技能

　　　　(ｲ)　音楽の仕組みを用いて，音楽をつくる技能

Ｂ　鑑　賞

　(1)　鑑賞の活動を通して，次の事項を身に付けることができるよう指導する。

　　　ア　鑑賞についての知識を得たり生かしたりしながら，曲や演奏のよさ
　　　　　などを見いだし，曲全体を味わって聴くこと。

　　　イ　曲想及びその変化と，音楽の構造との関わりについて気付くこと。

〔共通事項〕

　(1)　「Ａ表現」及び「Ｂ鑑賞」の指導を通して，次の事項を身に付けるこ
　　　とができるよう指導する。

ア　音楽を形づくっている要素を聴き取り，それらの働きが生み出すよさや面白さ，美しさを感じ取りながら，聴き取ったことと感じ取ったこととの関わりについて考えること。

イ　音楽を形づくっている要素及びそれらに関わる音符，休符，記号や用語について，音楽における働きと関わらせて理解すること。

3　内容の取扱い

(1)　歌唱教材は次に示すものを取り扱う。

ア　主となる歌唱教材については，各学年ともイの共通教材を含めて，斉唱及び簡単な合唱で歌う曲

イ　共通教材

〔第3学年〕

「うさぎ」　　（日本古謡）

「茶つみ」　　（文部省唱歌）

「春の小川」　（文部省唱歌）　高野辰之 作詞　岡野貞一 作曲

「ふじ山」　　（文部省唱歌）　巌谷小波 作詞

〔第4学年〕

「さくらさくら」（日本古謡）

「とんび」　　　葛原しげる 作詞　梁田 貞 作曲

「まきばの朝」（文部省唱歌）　船橋栄吉 作曲

「もみじ」　　（文部省唱歌）　高野辰之 作詞　岡野貞一 作曲

(2)　主となる器楽教材については，既習の歌唱教材を含め，簡単な重奏や合奏などの曲を取り扱う。

(3)　鑑賞教材は次に示すものを取り扱う。

ア　和楽器の音楽を含めた我が国の音楽，郷土の音楽，諸外国に伝わる民謡など生活との関わりを捉えやすい音楽，劇の音楽，人々に長く親しまれている音楽など，いろいろな種類の曲

イ　音楽を形づくっている要素の働きを感じ取りやすく，聴く楽しさを得やすい曲

ウ　楽器や人の声による演奏表現の違いを聴き取りやすい，独奏，重奏，独唱，重唱を含めたいろいろな演奏形態による曲

〔第5学年及び第6学年〕

1　目　標

(1)　曲想と音楽の構造などとの関わりについて理解するとともに，表したい音楽表現をするために必要な歌唱，器楽，音楽づくりの技能を身に付けるようにする。

(2)　音楽表現を考えて表現に対する思いや意図をもつことや，曲や演奏のよさなどを見いだしながら音楽を味わって聴くことができるようにする。

(3)　主体的に音楽に関わり，協働して音楽活動をする楽しさを味わいながら，様々な音楽に親しむとともに，音楽経験を生かして生活を明るく潤いのあるものにしようとする態度を養う。

2　内　容

A　表　現

(1)　歌唱の活動を通して，次の事項を身に付けることができるよう指導する。

ア　歌唱表現についての知識や技能を得たり生かしたりしながら，曲の特徴にふさわしい表現を工夫し，どのように歌うかについて思いや意図をもつこと。

イ　曲想と音楽の構造や歌詞の内容との関わりについて理解すること。

ウ　思いや意図に合った表現をするために必要な次の(ア)から(ウ)までの技能を身に付けること。

(ア)　範唱を聴いたり，ハ長調及びイ短調の楽譜を見たりして歌う技能

(イ)　呼吸及び発音の仕方に気を付けて，自然で無理のない，響きのある歌い方で歌う技能

(ウ)　各声部の歌声や全体の響き，伴奏を聴いて，声を合わせて歌う技能

(2)　器楽の活動を通して，次の事項を身に付けることができるよう指導する。

ア　器楽表現についての知識や技能を得たり生かしたりしながら，曲の特徴にふさわしい表現を工夫し，どのように演奏するかについて思いや意図をもつこと。

イ　次の(ア)及び(イ)について理解すること。

(ア)　曲想と音楽の構造との関わり

(イ)　多様な楽器の音色や響きと演奏の仕方との関わり

ウ　思いや意図に合った表現をするために必要な次の(ア)から(ウ)までの技能を身に付けること。

(ア)　範奏を聴いたり，ハ長調及びイ短調の楽譜を見たりして演奏する技能

(イ)　音色や響きに気を付けて，旋律楽器及び打楽器を演奏する技能

(ウ)　各声部の楽器の音や全体の響き，伴奏を聴いて，音を合わせて演奏する技能

(3)　音楽づくりの活動を通して，次の事項を身に付けることができるよう指導する。

ア　音楽づくりについての知識や技能を得たり生かしたりしながら，次の(ア)及び(イ)をできるようにすること。

(ア)　即興的に表現することを通して，音楽づくりの様々な発想を得ること。

(イ)　音を音楽へと構成することを通して，どのように全体のまとまりを意識した音楽をつくるかについて思いや意図をもつこと。

イ　次の(ア)及び(イ)について，それらが生み出すよさや面白さなどと関わらせて理解すること。

(ア)　いろいろな音の響きやそれらの組合せの特徴

(イ)　音やフレーズのつなげ方や重ね方の特徴

ウ　発想を生かした表現や，思いや意図に合った表現をするために必要な次の(ア)及び(イ)の技能を身に付けること。

(ア)　設定した条件に基づいて，即興的に音を選択したり組み合わせ

たりして表現する技能

　　(イ)　音楽の仕組みを用いて，音楽をつくる技能

　B　鑑　賞

　(1)　鑑賞の活動を通して，次の事項を身に付けることができるよう指導する。

　　ア　鑑賞についての知識を得たり生かしたりしながら，曲や演奏のよさ
　　　などを見いだし，曲全体を味わって聴くこと。

　　イ　曲想及びその変化と，音楽の構造との関わりについて理解すること。

〔共通事項〕

　(1)　「A表現」及び「B鑑賞」の指導を通して，次の事項を身に付けるこ
　　とができるよう指導する。

　　ア　音楽を形づくっている要素を聴き取り，それらの働きが生み出すよ
　　　さや面白さ，美しさを感じ取りながら，聴き取ったことと感じ取った
　　　こととの関わりについて考えること。

　　イ　音楽を形づくっている要素及びそれらに関わる音符，休符，記号や
　　　用語について，音楽における働きと関わらせて理解すること。

　3　内容の取扱い

　(1)　歌唱教材は次に示すものを取り扱う。

　　ア　主となる歌唱教材については，各学年ともイの共通教材の中の3曲
　　　を含めて，斉唱及び合唱で歌う曲

　　イ　共通教材

　　〔第5学年〕

　　　「こいのぼり」　（文部省唱歌）

　　　「子もり歌」　　（日本古謡）

　　　「スキーの歌」　（文部省唱歌）　　　　林　柳波 作詞　橋本国彦 作曲

　　　「冬げしき」　　（文部省唱歌）

　　〔第6学年〕

　　　「越天楽今様（歌詞は第2節まで)」　（日本古謡）　　慈鎮和尚 作歌

　　　「おぼろ月夜」（文部省唱歌）　　高野辰之 作詞　岡野貞一 作曲

資料

小学校 総則

小学校 音楽

中学校 音楽

「ふるさと」 （文部省唱歌）　　高野辰之 作詞　岡野貞一 作曲

「われは海の子（歌詞は第3節まで）」（文部省唱歌）

（2）　主となる器楽教材については，楽器の演奏効果を考慮し，簡単な重奏や合奏などの曲を取り扱う。

（3）　鑑賞教材は次に示すものを取り扱う。

　　ア　和楽器の音楽を含めた我が国の音楽や諸外国の音楽など文化との関わりを捉えやすい音楽，人々に長く親しまれている音楽など，いろいろな種類の曲

　　イ　音楽を形づくっている要素の働きを感じ取りやすく，聴く喜びを深めやすい曲

　　ウ　楽器の音や人の声が重なり合う響きを味わうことができる，合奏，合唱を含めたいろいろな演奏形態による曲

第3　指導計画の作成と内容の取扱い

1　指導計画の作成に当たっては，次の事項に配慮するものとする。

（1）　題材など内容や時間のまとまりを見通して，その中で育む資質・能力の育成に向けて，児童の主体的・対話的で深い学びの実現を図るようにすること。その際，音楽的な見方・考え方を働かせ，他者と協働しながら，音楽表現を生み出したり音楽を聴いてそのよさなどを見いだしたりするなど，思考，判断し，表現する一連の過程を大切にした学習の充実を図ること。

（2）　第2の各学年の内容の「A表現」の(1)，(2)及び(3)の指導については，ア，イ及びウの各事項を，「B鑑賞」の(1)の指導については，ア及びイの各事項を適切に関連させて指導すること。

（3）　第2の各学年の内容の〔共通事項〕は，表現及び鑑賞の学習において共通に必要となる資質・能力であり，「A表現」及び「B鑑賞」の指導と併せて，十分な指導が行われるよう工夫すること。

（4）　第2の各学年の内容の「A表現」の(1)，(2)及び(3)並びに「B鑑賞」

の(1)の指導については，適宜，〔共通事項〕を要として各領域や分野の関連を図るようにすること。

(5) 国歌「君が代」は，いずれの学年においても歌えるよう指導すること。

(6) 低学年においては，第1章総則の第2の4の(1)を踏まえ，他教科等との関連を積極的に図り，指導の効果を高めるようにするとともに，幼稚園教育要領等に示す幼児期の終わりまでに育ってほしい姿との関連を考慮すること。特に，小学校入学当初においては，生活科を中心とした合科的・関連的な指導や，弾力的な時間割の設定を行うなどの工夫をすること。

(7) 障害のある児童などについては，学習活動を行う場合に生じる困難さに応じた指導内容や指導方法の工夫を計画的，組織的に行うこと。

(8) 第1章総則の第1の2の(2)に示す道徳教育の目標に基づき，道徳科などとの関連を考慮しながら，第3章特別の教科道徳の第2に示す内容について，音楽科の特質に応じて適切な指導をすること。

2 第2の内容の取扱いについては，次の事項に配慮するものとする。

(1) 各学年の「A表現」及び「B鑑賞」の指導に当たっては，次のとおり取り扱うこと。

ア 音楽によって喚起されたイメージや感情，音楽表現に対する思いや意図，音楽を聴いて感じ取ったことや想像したことなどを伝え合い共感するなど，音や音楽及び言葉によるコミュニケーションを図り，音楽科の特質に応じた言語活動を適切に位置付けられるよう指導を工夫すること。

イ 音楽との一体感を味わい，想像力を働かせて音楽と関わることができるよう，指導のねらいに即して体を動かす活動を取り入れること。

ウ 児童が様々な感覚を働かせて音楽への理解を深めたり，主体的に学習に取り組んだりすることができるようにするため，コンピュータや教育機器を効果的に活用できるよう指導を工夫すること。

エ 児童が学校内及び公共施設などの学校外における音楽活動とのつ

ながりを意識できるようにするなど，児童や学校，地域の実態に応じ，生活や社会の中の音や音楽と主体的に関わっていくことができるよう配慮すること。

オ　表現したり鑑賞したりする多くの曲について，それらを創作した著作者がいることに気付き，学習した曲や自分たちのつくった曲を大切にする態度を養うようにするとともに，それらの著作者の創造性を尊重する意識をもてるようにすること。また，このことが，音楽文化の継承，発展，創造を支えていることについて理解する素地となるよう配慮すること。

(2)　和音の指導に当たっては，合唱や合奏などの活動を通して和音のもつ表情を感じ取ることができるようにすること。また，長調及び短調の曲においては，I，IV，V及びV₇などの和音を中心に指導すること。

(3)　我が国や郷土の音楽の指導に当たっては，そのよさなどを感じ取って表現したり鑑賞したりできるよう，音源や楽譜等の示し方，伴奏の仕方，曲に合った歌い方や楽器の演奏の仕方などの指導方法を工夫すること。

(4)　各学年の「A表現」の(1)の歌唱の指導に当たっては，次のとおり取り扱うこと。

ア　歌唱教材については，我が国や郷土の音楽に愛着がもてるよう，共通教材のほか，長い間親しまれてきた唱歌，それぞれの地方に伝承されているわらべうたや民謡など日本のうたを含めて取り上げるようにすること。

イ　相対的な音程感覚を育てるために，適宜，移動ド唱法を用いること。

ウ　変声以前から自分の声の特徴に関心をもたせるとともに，変声期の児童に対して適切に配慮すること。

(5)　各学年の「A表現」の(2)の楽器については，次のとおり取り扱うこと。

ア　各学年で取り上げる打楽器は，木琴，鉄琴，和楽器，諸外国に伝わる様々な楽器を含めて，演奏の効果，児童や学校の実態を考慮して選択すること。

イ　第1学年及び第2学年で取り上げる旋律楽器は, オルガン, 鍵盤ハーモニカなどの中から児童や学校の実態を考慮して選択すること。

ウ　第3学年及び第4学年で取り上げる旋律楽器は, 既習の楽器を含めて, リコーダーや鍵盤楽器, 和楽器などの中から児童や学校の実態を考慮して選択すること。

エ　第5学年及び第6学年で取り上げる旋律楽器は, 既習の楽器を含めて, 電子楽器, 和楽器, 諸外国に伝わる楽器などの中から児童や学校の実態を考慮して選択すること。

オ　合奏で扱う楽器については, 各声部の役割を生かした演奏ができるよう, 楽器の特性を生かして選択すること。

(6)　各学年の「A表現」の(3)の音楽づくりの指導に当たっては, 次のとおり取り扱うこと。

ア　音遊びや即興的な表現では, 身近なものから多様な音を探したり, リズムや旋律を模倣したりして, 音楽づくりのための発想を得ることができるよう指導すること。その際, 適切な条件を設定するなど, 児童が無理なく音を選択したり組み合わせたりすることができるよう指導を工夫すること。

イ　どのような音楽を, どのようにしてつくるかなどについて, 児童の実態に応じて具体的な例を示しながら指導するなど, 見通しをもって音楽づくりの活動ができるよう指導を工夫すること。

ウ　つくった音楽については, 指導のねらいに即し, 必要に応じて作品を記録させること。作品を記録する方法については, 図や絵によるもの, 五線譜など柔軟に指導すること。

エ　拍のないリズム, 我が国の音楽に使われている音階や調性にとらわれない音階などを児童の実態に応じて取り上げるようにすること。

(7)　各学年の「B鑑賞」の指導に当たっては, 言葉などで表す活動を取り入れ, 曲想と音楽の構造との関わりについて気付いたり理解したり, 曲や演奏の楽しさやよさなどを見いだしたりすることができるよう指導

を工夫すること。
(8) 各学年の〔共通事項〕に示す「音楽を形づくっている要素」については,児童の発達の段階や指導のねらいに応じて,次のア及びイから適切に選択したり関連付けたりして指導すること。
　　ア　音楽を特徴付けている要素
　　　　音色,リズム,速度,旋律,強弱,音の重なり,和音の響き,音階,調,拍,フレーズなど
　　イ　音楽の仕組み
　　　　反復,呼びかけとこたえ,変化,音楽の縦と横との関係など
(9) 各学年の〔共通事項〕の(1)のイに示す「音符,休符,記号や用語」については,児童の学習状況を考慮して,次に示すものを音楽における働きと関わらせて理解し,活用できるよう取り扱うこと。

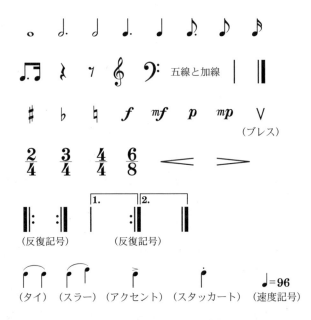

中学校学習指導要領

第2章　第5節　音楽

第1　目　標

　表現及び鑑賞の幅広い活動を通して，音楽的な見方・考え方を働かせ，生活や社会の中の音や音楽，音楽文化と豊かに関わる資質・能力を次のとおり育成することを目指す。

(1)　曲想と音楽の構造や背景などとの関わり及び音楽の多様性について理解するとともに，創意工夫を生かした音楽表現をするために必要な技能を身に付けるようにする。

(2)　音楽表現を創意工夫することや，音楽のよさや美しさを味わって聴くことができるようにする。

(3)　音楽活動の楽しさを体験することを通して，音楽を愛好する心情を育むとともに，音楽に対する感性を豊かにし，音楽に親しんでいく態度を養い，豊かな情操を培う。

第2　各学年の目標及び内容

〔第1学年〕

1　目　標

(1)　曲想と音楽の構造などとの関わり及び音楽の多様性について理解するとともに，創意工夫を生かした音楽表現をするために必要な歌唱，器楽，創作の技能を身に付けるようにする。

(2)　音楽表現を創意工夫することや，音楽を自分なりに評価しながらよさや美しさを味わって聴くことができるようにする。

(3)　主体的・協働的に表現及び鑑賞の学習に取り組み，音楽活動の楽し

さを体験することを通して，音楽文化に親しむとともに，音楽によって
生活を明るく豊かなものにしていく態度を養う。

2　内　容

A　表　現

(1)　歌唱の活動を通して，次の事項を身に付けることができるよう指導す
る。

ア　歌唱表現に関わる知識や技能を得たり生かしたりしながら，歌唱
表現を創意工夫すること。

イ　次の(ア)及び(イ)について理解すること。

(ア)　曲想と音楽の構造や歌詞の内容との関わり

(イ)　声の音色や響き及び言葉の特性と曲種に応じた発声との関わり

ウ　次の(ア)及び(イ)の技能を身に付けること。

(ア)　創意工夫を生かした表現で歌うために必要な発声，言葉の発音，
身体の使い方などの技能

(イ)　創意工夫を生かし，全体の響きや各声部の声などを聴きながら
他者と合わせて歌う技能

(2)　器楽の活動を通して，次の事項を身に付けることができるよう指導す
る。

ア　器楽表現に関わる知識や技能を得たり生かしたりしながら，器楽
表現を創意工夫すること。

イ　次の(ア)及び(イ)について理解すること。

(ア)　曲想と音楽の構造との関わり

(イ)　楽器の音色や響きと奏法との関わり

ウ　次の(ア)及び(イ)の技能を身に付けること。

(ア)　創意工夫を生かした表現で演奏するために必要な奏法，身体の
使い方などの技能

(イ)　創意工夫を生かし，全体の響きや各声部の音などを聴きながら
他者と合わせて演奏する技能

(3) 創作の活動を通して，次の事項を身に付けることができるよう指導する。

　　ア　創作表現に関わる知識や技能を得たり生かしたりしながら，創作表現を創意工夫すること。

　　イ　次の(ア)及び(イ)について，表したいイメージと関わらせて理解すること。

　　　　(ア)　音のつながり方の特徴

　　　　(イ)　音素材の特徴及び音の重なり方や反復，変化，対照などの構成上の特徴

　　ウ　創意工夫を生かした表現で旋律や音楽をつくるために必要な，課題や条件に沿った音の選択や組合せなどの技能を身に付けること。

B　鑑　賞

(1)　鑑賞の活動を通して，次の事項を身に付けることができるよう指導する。

　　ア　鑑賞に関わる知識を得たり生かしたりしながら，次の(ア)から(ウ)までについて自分なりに考え，音楽のよさや美しさを味わって聴くこと。

　　　　(ア)　曲や演奏に対する評価とその根拠

　　　　(イ)　生活や社会における音楽の意味や役割

　　　　(ウ)　音楽表現の共通性や固有性

　　イ　次の(ア)から(ウ)までについて理解すること。

　　　　(ア)　曲想と音楽の構造との関わり

　　　　(イ)　音楽の特徴とその背景となる文化や歴史，他の芸術との関わり

　　　　(ウ)　我が国や郷土の伝統音楽及びアジア地域の諸民族の音楽の特徴と，その特徴から生まれる音楽の多様性

〔共通事項〕

(1)　「A表現」及び「B鑑賞」の指導を通して，次の事項を身に付けることができるよう指導する。

　　ア　音楽を形づくっている要素や要素同士の関連を知覚し，それらの働きが生み出す特質や雰囲気を感受しながら，知覚したことと感受したこととの関わりについて考えること。

イ　音楽を形づくっている要素及びそれらに関わる用語や記号などに
ついて，音楽における働きと関わらせて理解すること。

〔第2学年及び第3学年〕

1　目　標

(1)　曲想と音楽の構造や背景などとの関わり及び音楽の多様性について
理解するとともに，創意工夫を生かした音楽表現をするために必要な歌
唱，器楽，創作の技能を身に付けるようにする。

(2)　曲にふさわしい音楽表現を創意工夫することや，音楽を評価しながら
よさや美しさを味わって聴くことができるようにする。

(3)　主体的・協働的に表現及び鑑賞の学習に取り組み，音楽活動の楽し
さを体験することを通して，音楽文化に親しむとともに，音楽によって
生活を明るく豊かなものにし，音楽に親しんでいく態度を養う。

2　内　容

A　表　現

(1)　歌唱の活動を通して，次の事項を身に付けることができるよう指導する。

ア　歌唱表現に関わる知識や技能を得たり生かしたりしながら，曲にふ
さわしい歌唱表現を創意工夫すること。

イ　次の(ア)及び(イ)について理解すること。

(ア)　曲想と音楽の構造や歌詞の内容及び曲の背景との関わり

(イ)　声の音色や響き及び言葉の特性と曲種に応じた発声との関わり

ウ　次の(ア)及び(イ)の技能を身に付けること。

(ア)　創意工夫を生かした表現で歌うために必要な発声，言葉の発音，
身体の使い方などの技能

(イ)　創意工夫を生かし，全体の響きや各声部の声などを聴きながら
他者と合わせて歌う技能

(2)　器楽の活動を通して，次の事項を身に付けることができるよう指導する。

ア　器楽表現に関わる知識や技能を得たり生かしたりしながら，曲にふ

さわしい器楽表現を創意工夫すること。

イ　次の(ｱ)及び(ｲ)について理解すること。

(ｱ)　曲想と音楽の構造や曲の背景との関わり

(ｲ)　楽器の音色や響きと奏法との関わり

ウ　次の(ｱ)及び(ｲ)の技能を身に付けること。

(ｱ)　創意工夫を生かした表現で演奏するために必要な奏法，身体の使い方などの技能

(ｲ)　創意工夫を生かし，全体の響きや各声部の音などを聴きながら他者と合わせて演奏する技能

(3)　創作の活動を通して，次の事項を身に付けることができるよう指導する。

ア　創作表現に関わる知識や技能を得たり生かしたりしながら，まとまりのある創作表現を創意工夫すること。

イ　次の(ｱ)及び(ｲ)について，表したいイメージと関わらせて理解すること。

(ｱ)　音階や言葉などの特徴及び音のつながり方の特徴

(ｲ)　音素材の特徴及び音の重なり方や反復，変化，対照などの構成上の特徴

ウ　創意工夫を生かした表現で旋律や音楽をつくるために必要な，課題や条件に沿った音の選択や組合せなどの技能を身に付けること。

B　鑑　賞

(1)　鑑賞の活動を通して，次の事項を身に付けることができるよう指導する。

ア　鑑賞に関わる知識を得たり生かしたりしながら，次の(ｱ)から(ｳ)までについて考え，音楽のよさや美しさを味わって聴くこと。

(ｱ)　曲や演奏に対する評価とその根拠

(ｲ)　生活や社会における音楽の意味や役割

(ｳ)　音楽表現の共通性や固有性

イ　次の(ｱ)から(ｳ)までについて理解すること。

(ｱ)　曲想と音楽の構造との関わり

資料

小学校　総則

小学校　音楽

中学校　音楽

（イ）　音楽の特徴とその背景となる文化や歴史，他の芸術との関わり

（ウ）　我が国や郷土の伝統音楽及び諸外国の様々な音楽の特徴と，その特徴から生まれる音楽の多様性

〔共通事項〕

(1)　「A表現」及び「B鑑賞」の指導を通して，次の事項を身に付けることができるよう指導する。

　　ア　音楽を形づくっている要素や要素同士の関連を知覚し，それらの働きが生み出す特質や雰囲気を感受しながら，知覚したことと感受したこととの関わりについて考えること。

　　イ　音楽を形づくっている要素及びそれらに関わる用語や記号などについて，音楽における働きと関わらせて理解すること。

第3　指導計画の作成と内容の取扱い

1　指導計画の作成に当たっては，次の事項に配慮するものとする。

(1)　題材など内容や時間のまとまりを見通して，その中で育む資質・能力の育成に向けて，生徒の主体的・対話的で深い学びの実現を図るようにすること。その際,音楽的な見方・考え方を働かせ,他者と協働しながら，音楽表現を生み出したり音楽を聴いてそのよさや美しさなどを見いだしたりするなど，思考，判断し，表現する一連の過程を大切にした学習の充実を図ること。

(2)　第2の各学年の内容の「A表現」の(1)，(2)及び(3)の指導については，ア，イ及びウの各事項を，「B鑑賞」の(1)の指導については，ア及びイの各事項を適切に関連させて指導すること。

(3)　第2の各学年の内容の〔共通事項〕は，表現及び鑑賞の学習において共通に必要となる資質・能力であり，「A表現」及び「B鑑賞」の指導と併せて，十分な指導が行われるよう工夫すること。

(4)　第2の各学年の内容の「A表現」の(1)，(2)及び(3)並びに「B鑑賞」の(1)の指導については，それぞれ特定の活動のみに偏らないようにす

るとともに，必要に応じて，〔共通事項〕を要として各領域や分野の関連を図るようにすること。

(5)　障害のある生徒などについては，学習活動を行う場合に生じる困難さに応じた指導内容や指導方法の工夫を計画的，組織的に行うこと。

(6)　第1章総則の第1の2の(2)に示す道徳教育の目標に基づき，道徳科などとの関連を考慮しながら，第3章特別の教科道徳の第2に示す内容について，音楽科の特質に応じて適切な指導をすること。

2　第2の内容の取扱いについては，次の事項に配慮するものとする。

(1)　各学年の「A表現」及び「B鑑賞」の指導に当たっては，次のとおり取り扱うこと。

　　ア　音楽活動を通して，それぞれの教材等に応じ，音や音楽が生活に果たす役割を考えさせるなどして，生徒が音や音楽と生活や社会との関わりを実感できるよう指導を工夫すること。なお，適宜，自然音や環境音などについても取り扱い，音環境への関心を高めることができるよう指導を工夫すること。

　　イ　音楽によって喚起された自己のイメージや感情，音楽表現に対する思いや意図，音楽に対する評価などを伝え合い共感するなど，音や音楽及び言葉によるコミュニケーションを図り，音楽科の特質に応じた言語活動を適切に位置付けられるよう指導を工夫すること。

　　ウ　知覚したことと感受したこととの関わりを基に音楽の特徴を捉えたり，思考，判断の過程や結果を表したり，それらについて他者と共有，共感したりする際には，適宜，体を動かす活動も取り入れるようにすること。

　　エ　生徒が様々な感覚を関連付けて音楽への理解を深めたり，主体的に学習に取り組んだりすることができるようにするため，コンピュータや教育機器を効果的に活用できるよう指導を工夫すること。

　　オ　生徒が学校内及び公共施設などの学校外における音楽活動とのつながりを意識できるようにするなど，生徒や学校，地域の実態に応じ，

生活や社会の中の音や音楽，音楽文化と主体的に関わっていくことができるよう配慮すること。

カ　自己や他者の著作物及びそれらの著作者の創造性を尊重する態度の形成を図るとともに，必要に応じて，音楽に関する知的財産権について触れるようにすること。また，こうした態度の形成が，音楽文化の継承，発展，創造を支えていることへの理解につながるよう配慮すること。

(2)　各学年の「A表現」の(1)の歌唱の指導に当たっては，次のとおり取り扱うこと。

ア　歌唱教材は，次に示すものを取り扱うこと。

(ア)　我が国及び諸外国の様々な音楽のうち，指導のねらいに照らして適切で，生徒にとって親しみがもてたり意欲が高められたり，生活や社会において音楽が果たしている役割が感じ取れたりできるもの。

(イ)　民謡，長唄などの我が国の伝統的な歌唱のうち，生徒や学校，地域の実態を考慮して，伝統的な声や歌い方の特徴を感じ取れるもの。なお，これらを取り扱う際は，その表現活動を通して，生徒が我が国や郷土の伝統音楽のよさを味わい，愛着をもつことができるよう工夫すること。

(ウ)　我が国で長く歌われ親しまれている歌曲のうち，我が国の自然や四季の美しさを感じ取れるもの又は我が国の文化や日本語のもつ美しさを味わえるもの。なお，各学年において，以下の共通教材の中から1曲以上を含めること。

「赤とんぼ」	三木露風 作詞	山田耕筰 作曲
「荒城の月」	土井晩翠 作詞	滝廉太郎 作曲
「早春賦」	吉丸一昌 作詞	中田　章 作曲
「夏の思い出」	江間章子 作詞	中田喜直 作曲
「花」	武島羽衣 作詞	滝廉太郎 作曲

| 「花の街」 | 江間章子 作詞 | 團伊玖磨 作曲 |
| 「浜辺の歌」 | 林 古溪 作詞 | 成田為三 作曲 |

イ　変声期及び変声前後の声の変化について気付かせ，変声期の生徒を含む全ての生徒の心理的な面についても配慮するとともに，変声期の生徒については適切な声域と声量によって歌わせるようにすること。

ウ　相対的な音程感覚などを育てるために，適宜，移動ド唱法を用いること。

(3)　各学年の「A表現」の(2)の器楽の指導に当たっては，次のとおり取り扱うこと。

ア　器楽教材は，次に示すものを取り扱うこと。

(ｱ)　我が国及び諸外国の様々な音楽のうち，指導のねらいに照らして適切で，生徒にとって親しみがもてたり意欲が高められたり，生活や社会において音楽が果たしている役割が感じ取れたりできるもの。

イ　生徒や学校，地域の実態などを考慮した上で，指導上の必要に応じて和楽器，弦楽器，管楽器，打楽器，鍵盤楽器，電子楽器及び世界の諸民族の楽器を適宜用いること。なお，3学年間を通じて1種類以上の和楽器を取り扱い，その表現活動を通して，生徒が我が国や郷土の伝統音楽のよさを味わい，愛着をもつことができるよう工夫すること。

(4)　歌唱及び器楽の指導における合わせて歌ったり演奏したりする表現形態では，他者と共に一つの音楽表現をつくる過程を大切にするとともに，生徒一人一人が，担当する声部の役割と全体の響きについて考え，主体的に創意工夫できるよう指導を工夫すること。

(5)　読譜の指導に当たっては，小学校における学習を踏まえ，♯や♭の調号としての意味を理解させるとともに，3学年間を通じて，1♯，1♭程度をもった調号の楽譜の視唱や視奏に慣れさせるようにすること。

(6) 我が国の伝統的な歌唱や和楽器の指導に当たっては，言葉と音楽との関係，姿勢や身体の使い方についても配慮するとともに，適宜，口唱歌を用いること。

(7) 各学年の「A表現」の(3)の創作の指導に当たっては，即興的に音を出しながら音のつながり方を試すなど，音を音楽へと構成していく体験を重視すること。その際，理論に偏らないようにするとともに，必要に応じて作品を記録する方法を工夫させること。

(8) 各学年の「B鑑賞」の指導に当たっては，次のとおり取り扱うこと。
 ア 鑑賞教材は，我が国や郷土の伝統音楽を含む我が国及び諸外国の様々な音楽のうち，指導のねらいに照らして適切なものを取り扱うこと。
 イ 第1学年では言葉で説明したり，第2学年及び第3学年では批評したりする活動を取り入れ，曲や演奏に対する評価やその根拠を明らかにできるよう指導を工夫すること。

(9) 各学年の〔共通事項〕に示す「音楽を形づくっている要素」については，指導のねらいに応じて，音色，リズム，速度，旋律，テクスチュア，強弱，形式，構成などから，適切に選択したり関連付けたりして指導すること。

(10) 各学年の〔共通事項〕の(1)のイに示す「用語や記号など」については，小学校学習指導要領第2章第6節音楽の第3の2の(9)に示すものに加え，生徒の学習状況を考慮して，次に示すものを音楽における働きと関わらせて理解し，活用できるよう取り扱うこと。

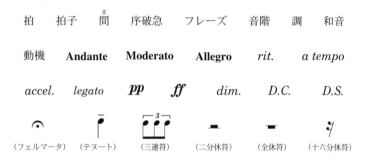